警察実務の不易流行

気づきの付箋

一瀬 裕文

春吉書房

はじめに

　昭和57年4月、福岡県巡査に採用され、交番のおまわりさんを振り出しに、いろいろなポストを経て、警察署長を2箇署、そして警察本部の部長職を務めさせていただきました。

　この間、幹部としてのあり方、仕事の進め方などについて、その時々"感じ、考え、思った"都度、「気づきの付箋」としてメモし、自分なりに整理し直して、職場の方々にお話ししてきました。その話の底流は「不易流行」、変化の激しい時代であるからこそ、不変のものと機敏に変化させるものとを見極めて対応するという思いです。それらの内容を今回、本書にとりまとめました。

　本書の構成は、著者の人物像を知っていただこうと第1章「自己紹介に替えて」、職場内のことがらについての思いを第2章「自らを鍛える34のヒント」に、波乱万丈の刑事部屋の風景を第3章「自らを鍛える16のヒント」に、そして身の回りの出来事などへの思いを第4章「雑感抄」として収めました。

さらに、第5章「特別寄稿」では、私が尊敬し信頼を寄せる3氏、管理・捜査部門で辣腕を発揮し、名伯楽と呼ばれる藤林信康氏（博多警察署長）、特定危険指定暴力団工藤會に対する頂上作戦の陣頭指揮を執った尾上芳信氏（南警察署長）、そして捜査第一課の生え抜き、難事件の解決に抜群の力を発揮する橋本浩輔氏（捜査第一課管理官）から玉稿をいただきました。(注) 職名は、寄稿時。

　もとより、私は、学者や評論家、文筆家でもなく、こつこつと警察官人生を歩んできた実務家です。読者の皆さんには、「共感はできないが"気づき、考え、行動する"、そのヒントにはなった」と評していただけるだけで望外の幸せです。

　発刊に当たっては、株式会社春吉書房　代表取締役社長　間（あいだ）一根（かずね）様から、懇切丁寧なご指導をいただきました。ここに厚く感謝申し上げます。

　　　　　　　　　　　　　　　平成31年3月

　　　　　　　　　　　　　　　　　　　　一瀨　裕文

はじめに ……………………………………………… ❷

第1章　自己紹介に替えて　4題

1　人間万事塞翁が馬（昭和編）
　　〜人生いろいろあるさ、前向きに〜　……❿

2　人間万事塞翁が馬（平成編）
　　〜不安は努力の起爆剤〜　……❽

3　「不安」は「努力」の起爆剤　その2　……❾

4　想い出の214頁　……❷

第2章　自らを鍛える34のヒント

Hint 1	縦、横、斜め	……❻
Hint 2	緩急粗密（かんきゅうそみつ）	……❼
Hint 3	新聞記事に目を通す	……❽
Hint 4	始業前点検のススメ	……❾
Hint 5	自分の頭で考える	……❹
Hint 6	原典に当たる	……❶
Hint 7	自分の言葉で話す	……❷
Hint 8	言葉（日本語）を大切に	……❸
Hint 9	報告（結論を先に）	……❹
Hint 10	「悪い情報」は、まず上司に第一報を	……❺

Hint 11	仕事の進め方	……046
Hint 12	立ち位置と振り付け	……047
Hint 13	人事異動で新所属に着任したら	……048
Hint 14	文書作成のポイント	……049
Hint 15	幹部の指導力と自己研鑽	……050
Hint 16	縦型、横型のリーダーシップ	……053
Hint 17	幹部としての姿勢	……054
Hint 18	指示は具体的に	……055
Hint 19	新任職員への指示	……056
Hint 20	ミスや失敗への対処	……057
Hint 21	ローカルルールの戒め	……058
Hint 22	相談相手を多く持つ	……059
Hint 23	部下に対する思いやり	……060
Hint 24	パワーハラスメント	……061
Hint 25	幹部としての戒め	……062
Hint 26	ヒト、モノ、カネへの配意	……063
Hint 27	たった一言で救われる	……064
Hint 28	気持ちの切り替え、「まいっか！」	……065
Hint 29	士気高揚の仕掛け人	……066
Hint 30	明るく活力ある職場づくり	……067
Hint 31	社会人としてのマナー	……068
Hint 32	健康維持の鉄則	……069
Hint 33	警察の原点を忘れない	……070
Hint 34	「警察改革」の精神を忘れない	……071

第3章　自らを鍛える16のヒント（現場編）

「現場は動く 波瀾万丈 新米刑事管理官の備忘録」

Hint 1	納得がいく捜査	……❼❺
Hint 2	捜査員の大量投入	……❽⓿
Hint 3	新聞記事の見出しに「決闘」	……❽❸
Hint 4	現場検索と適正手続	……❽❺
Hint 5	密室性の証明	……❽❾
Hint 6	捜査方針の早期決定と科学捜査	……❾❹
Hint 7	関係機関への手配	……❾❾
Hint 8	事件のまとめ	……❶⓿❹
Hint 9	素早い立ち上がり	……❶❶⓿
Hint 10	擬律判断	……❶❶❸
Hint 11	踊らされた大捜査線	……❶❶❺
Hint 12	迅速な手配	……❶❷⓿
Hint 13	本部関係各課の支援	……❶❷❹
Hint 14	素朴な疑問	……❶❸⓿
Hint 15	関係機関との連携プレー	……❶❸❻
Hint 16	目撃者への配慮	……❶❸❾

第4章 雑感抄 …………………… ⑭⑤

あ 味付け⑭⑥ **い** インターネットリテラシー⑭⑦ **う** ウォーキング⑭⑧ 内羽根式と外羽根式⑭⑨ うつ伏せ寝とうさぎ跳び⑮⓪ **え** エスカレーター⑮① **お** 温水洗浄便座⑮② **か** 階級⑮③ 替玉⑮④ **き** 共同体意識⑮⑤ 記録化⑮⑥ **く** 黒電話⑮⑦ 勲章伝達式⑮⑧ **け** 検索データ⑮⑨ **こ** 公衆電話⑯⓪ 子どもの学習費⑯① ゴレンジャー⑯② **さ** 三惚れ⑯③ **し** 診断結果⑯④ 新聞紙⑯⑤ **す** スピーチ⑯⑥ **せ** Z旗⑯⑦ **そ** 想定外⑯⑧ **た** 第一次捜査権⑯⑨ 宝くじ⑰⓪ 立ち会い出産⑰① 立行司⑰② **ち** 地域警察の原型⑰③ 地域の足⑰④ **つ** ツクツクボウシ⑰⑤ 津波てんでんこ⑰⑥ **て** 敵国降伏⑰⑦ 手締め⑰⑧ 天然とらふぐ⑰⑨ **と** 道路陥没完全復旧⑱⓪ **な** ながらスマホ⑱① **に** 28℃⑱② **ぬ** ぬるま湯⑱③ **ね** 年賀状⑱④ **の** ノック⑱⑤ **は** 花火大会⑱⑥ **ひ** 110番⑱⑦ **ふ** 風評被害⑱⑧ 福岡都市高速道路⑱⑨ **へ** 弁当の日⑲⓪ **ほ** 防音効果⑲① 方言⑲② 防犯ボランティア⑲③ **ま** 待ち時間⑲④ **み** 見栄⑲⑤ 見守りカメラ⑲⑥ **む** 村おこし⑲⑦ **め** メール⑲⑧ **も** もつ鍋⑲⑨ **や** 夜間視認性⓶⓪⓪ **ゆ** 指差呼称⓶⓪① **よ** よど号ハイジャック事件⓶⓪② **ら** ライフプランセミナー⓶⓪③ **り** 理容師と美容師⓶⓪④ **る** ルビ（ふりがな）⓶⓪⑤ **れ** レール（線路）⓶⓪⑥ レシピ⓶⓪⑦ **ろ** ロータリークラブ⓶⓪⑧ **わ** 割れ窓理論⓶⓪⑨

第5章 特別寄稿 3題

1 私が大切にしている10の格言 ……212
　博多警察署長　藤林信康

2 工藤會頂上作戦での捜査指揮 ……229
　南警察署長　尾上芳信

3 攻めて守る〜「百戦百勝」を目指して ……245
　捜査第一課管理官　橋本浩輔

あとがき …………………………………………… 282

第1章

自己紹介に替えて

人間万事塞翁が馬 (昭和編)

~人生いろいろあるさ、前向きに~

　11月3日は、私の誕生日でした。ところで、この歳になるといろいろと悩み事も多くなり、ストレスも溜まります。子どもの進学・就職、親の介護、経済的な問題などなど。

　「人生いろいろ」と歌手・島倉千代子の歌もありますが、人それぞれ、周囲の環境や日々の事態をどう捉えるかによって、その後の人生が大きく成長したり、また、変化していくことが多いと感じています。パナソニック、松下電器の創業者の松下幸之助さんは、自分が成功した理由として「学がなかったこと」「病弱だったこと」「貧乏だったこと」を挙げておられます。学がなかったので一生懸命勉強し、病弱だったからタバコも酒も止めて健康に気を遣い、貧乏だったから一生懸命働いて稼いだ、と。

　今日は、私が警察官を目指すこととなった生い立ちを6つに分けてお話し、「要は、気持ちの持ちよう」ということを感じてもらえればと思います。

1 小学生時代
~買物、掃除、風呂焚き~「辛抱の心」

　私には、2歳下の弟と5歳下の妹がいます。小学生当時、父は博多織の機械職人、母はパートという「鍵っ子家庭」でした。当時の私の日課は、朝、弟と妹の手を引き保育園に連れて行き、放課後は連れて帰る（弟妹が、小学校に上がると止めましたが）。家に帰ると、テーブル上の新聞

第1章
自己紹介に替えて 4題

　広告の裏に母親からの（夕食のための）買い物の指示が書いてあります。二人を残して商店街に買い物に行き、買い物から帰ると、ほうきで家の掃除、洗濯物を取り込んでたたみ、タンスの中へ。そして、石炭風呂をわかします。そうこうすると、母親が帰ってきて、夕食を作り、父親が帰ってくるというパターンでした。したがって、友達は多かったのですが、放課後、一緒になって遊んだということがあまりありません。「家事」が待っていたのです。

　しかし、夜更けまで、内職までする母親の姿を目にし、子ども心に「両親が精一杯働いているのだから」と愚痴を言ったことはありません。当たり前のように受け入れていました。学校が半ドンの土曜日には、弟妹に昼ご飯を用意しなければなりません。得意料理は、炒り卵でした。「辛抱する」という素地ができたのだと思います。

　家計のやり繰りに母親が苦労していました。生まれて初めて炭酸飲料を口にしたときの感激は今でも忘れられません。小学1年生だったと思いますが、昭和41年、大濠公園で「福岡大博覧会」が開かれました。夢の超特急「新幹線ひかり」の先頭部分が展示されていましたが、「セブンアップ」(当時の商品名)を飲み、あまりの美味しさにもったいないとチビチビと飲んでいたら、母親から「しみったれた飲み方をしなさんな」と叱られました。

2 中学生時代
～劣等感をバネに～「自ら考え、行動する」姿勢

　中学校に入学した私の身長は139.9センチ。学校一番のちびです。卒業する時には149.9センチと10センチ伸びていましたが、全校集会などで整列するとき一番前というポジションは3年間、変わりませんでした。母親からは大層心配され、牛乳を毎日飲まされたものです。

　ところで、この劣等感を跳ね返すものが「生徒会活動」でした。小学5、6年生当時から担任の先生と「在日米軍基地」や「二つの中国」などについて議論するという生意気な性格であり、何となく政治的な活動に憧れていた、というのが当時の私でした。

　1年生で生徒会役員5人のうちの「書記」に立候補し、当選。2年生で生徒会会長選に立候補。友人との一騎打ちの戦いでした。争点は「長髪を許可するか否か」、私は「長髪容認派」、友人は「長髪反対、いわゆる坊主派」でした。私を応援してくれる友人の家に選挙対策本部を立ち上げ、連日泊まりがけで票読みや選挙戦略を練り、投票の結果、当選しました。

　しかし、ここからが大変でした。選挙公約である長髪の実現、当選して数日後、3年生のいわゆる不良番長に呼び出されました。「いいか、絶対に長髪にしろよ」とプレッ

第1章
自己紹介に
替えて4題

シャーをかけられましたが、反対勢力、それは（教）職員会とPTAでした。「長髪にすると不良になる」。簡単に言えば、そんな理由です。

どうすれば長髪を許してくれるのか、校長室に行き尋ねると「中学生らしい長髪でないと認められない。PTAも納得する内容でね」ということでした。

そこで、福岡地区の中学校の現状を調査するとともに、生徒会役員5人で手分けして、校区内の理容室を1軒1軒回り、「中学生らしい髪型とは、どんな髪型ですか」と聞き取り調査を行いました。その結果、
○ 前髪は、目にかからないこと、
○ 後ろ襟足は、人差し指・中指を重ねて出ないこと、
○ 耳にかからないこと、
などという許可基準を作り上げ、何度となく職員会、PTA役員会で説明し、最後は「生徒から一人でも違反者が出た場合、坊主に戻す」との条件付きでしたが、長髪が実現しました。私を呼び出した番長は、残念ながら少年院か、鑑別所に送られたようで「よかったな」の言葉は聞けませんでした。

ほかには、教職員による時限ストライキ。先生が、「主任制導入反対」だとかいうバッチを身につけて授業をする姿勢に、私は、「教室に政治を持ち込んでいいのか、おかしい」という気持ちを持っていました。そして、某日、8

時30分の始業時から時限ストライキが行われたとき、私は思いました。「先生達はストライキをし、授業を放棄しているのに、何で生徒が自習をしなければならないのか」と。生徒会長の独断でしたが、放送室に入り、マイクで「全校生徒、体育館に集合」と号令を出し、急きょ、演芸会をしました。体育館集合のマイク放送に「何事か」と校長が私に尋ねられましたが、自分としての考えを話した後、演芸会開会のあいさつをお願いしたところ、校長が不機嫌な、苦虫を嚙みつぶした顔をされたことを思い出します。

　放送室からの「体育館集合」の号令は、あと1回ありました。体育担当の先生が、体育館内に自分の部屋を作り、私物化し、雨降りでも、昼休み中の生徒の利用を認めないという、勝手なことをやっていました。そこで、閉鎖された体育館入り口に50人くらいを集合させ、中にいる先生を入口の外に呼び出し、「開けろ、開けろ」とスクラムを組んで一気に突入、体育館を生徒のために開放しました。

　本当に生意気で、やんちゃな中学生時代でした。

　勉強の方はというと、父親が「高校やら行かんでいい。私立にはやりきらん。公立に不合格やったら、京都に丁稚奉公に行け」と本気で言い、「学校で勉強してくれば、家で勉強せんで良かろうが（しなくていいだろう、の意）」と午後11時以降の勉強は許してくれませんでした。逆療法、危機感を植え付けてくれたと思います。

第1章
自己紹介に
替えて4題

3 高校生時代
～脱力・無力感、数学の参考書が起爆剤～人との出会い

　高校生時代は、このような中学生時代の反動からか、何となく無気力となり、クラブ活動もしない、いわゆる「下校部」の生活を送りました。成績の方は、落ち目の三度笠、高校2年生の3学期には、遂に360人中ビリから3番目、358番となり、大学進学も風前の灯火となりました。特に、英語は最低、数学も低空飛行です。当時の私は、「先生の教え方が悪い」と自分勝手な言い訳に終始していました。

　しかし、こんなとき、救世主と出会いました。数学の先生です。筑豊育ちの型破りな先生で、最後は嘉穂高校の校長で退職されたと聞いていますが、落ち込む私に「騙されたと思って春休み中にやってみろ」と『解法のテクニック』という参考書を紹介してくれました。春休みに挑戦すると、おもしろいこと、おもしろいこと。問題を見た瞬間に解き方の方向性が分かり、次から次へと挑戦。これをきっかけに、他の科目を自分で勉強していくことにもつながりました。3年生の2学期以降、数学だけは、常に上位10番以内をキープするという大変身を遂げました。

　また、プラトニックな恋愛も経験しました。人を好きになるということ、相手を思いやるということ、いろいろ感じ、学び、毎日毎日、ラブレターを書き、まるで「詩人」みたいになりました。国語の授業では、相聞歌として黒板に

「吹きすさぶ　雪の中を　二人行く
　　　　　うつむく君と　寒さ分け合い」
と書き、先生からコメントももらいました。正に青春でした。

　いよいよ大学受験、家計を考え、一切親に負担をかけない、奨学金と自分のアルバイト代で学費や必要経費を賄うこととし、両親に「自分の力で通うので、大学に進学させてくれ」と頼み込み、下宿すれば金がかかることから、自宅から通える授業料が安い国立大学に挑戦、佐賀大学に何とか合格することとなりました。

4 大学生時代
～アルバイトとの両立～言い訳するな

　佐賀までは電車通学です。朝5時30分ころに起き、大野城市内の自宅から国鉄南福岡駅まで自転車をこぎ、6時34分の電車に乗り、8時過ぎに大学着。講義が終われば、福岡にとんぼ返り。中国料理店のアルバイトを午後5時から午後11時まで、金曜・土曜日は翌日の午前2時ころまで。こんな生活スタイルでした。4年間、このアルバイトを続けましたが、パチンコ、麻雀、サークル活動、旅行など一切無縁でした。時給450円から始まり、アルバイト代を月6～7万円稼いでいました。

　しかし、3年生の春、腰の痛みを感じ、病院に行くと「腎

第1章
自己紹介に
替えて4題

臓が弱っている、アルバイトを減らしなさい、このままだと腎不全になる」と医者から脅され、3、4年生の時は、アルバイトを週の半分にしました。

　こんな生活ですから、大学の授業をさぼること（出席しても居眠り）も多かったのですが、「バイトのせいで単位を取れなかった、留年した」とは、親に向かって言えない、とにかく4年で卒業証書をもらうと自分を戒めていました。幸い、結果として首席で卒業するという真面目な出来の良い友人がいましたので、彼のノートをコピーし、丸暗記で試験に臨み、何とかぎりぎりの単位で卒業しました。

5　バイトの経験
〜おせち料理配達の責任者〜ゼロからの企画 為せば成る

　大学4年生の12月、アルバイト先の店長から「卒業記念に、おせち料理の配達責任者をやってみないか」と言われました。おせち料理約1,000個を福岡市内を中心とした家庭に、指定された時間に配達し、料金1,000万円余りを回収する、という役目です。「とんでもない、できません」と固辞したのですが、「良い勉強になるから」と説得され、渋々引き受けました。しかし、全く経験したことがない作業、責任も重く、どうしようかと思案の日々でした。

　問題は大きく四つ、一つ目は、配達指定時間にいかにしてピシャリと届けるか。同じマンションの隣人同士でも、

指定時間が午前10時と午後5時となっている場合もあります。必要な態勢とローテーション。二つ目は、配達時に不在であった場合の対応。生ものが入っています。どの時点で引き上げさせるか。三つ目は、料金の回収。1,000万円余りの現金を間違いなく回収・保管し、夜間金庫に入金するか。そして、最大の問題は、今から30年前でゼンリンの住宅地図・カーナビもなく、携帯電話もない当時、配達区域の分担、連絡手段などをどうするかでした。すべて、私が考え、企画しなければなりません。

　しかし、ただじっと悩んでいるだけでは物事は前に進みません。1,000件の注文書を宴会場で一人で区分けしました。30畳の広さ、その畳1枚を行政区に見立て、例えば、この畳は福岡市中央区、東区と指定して注文書を置いていき、次に、中央区内の注文書を同じように町名別に今泉の畳、六本松の畳、そして、指定の時間にと整理することにより、配達区域、時間帯が整理できました。ただし、これまた、ワープロやパソコンもない当時、「配達計画一覧表」など作ることもできず、注文書を束にして管理しました。

　大晦日の前日、12月30日、従業員（正社員）に対して配達の一連の流れについて私が説明を行うのですが、冒頭「何でアルバイトから指示されないかんとかぁ」に始まり、「わからん」とか、「そんなんで大丈夫か」などなど、まるでいじめとも言える雰囲気でしたが、店長が毅然

第1章
自己紹介に
替えて4題

とフォローしてくれ、配達本番を迎え、クレームも全くなく、1,000万円余りの現金を間違いなく店長に引き継ぎました。「為せば成る」。本当に良い経験となりました。

6 就職活動
〜会社訪問で知った現実〜学歴社会

　話は前後しますが、大学4年生の春、就職浪人は絶対にできないとは思うものの、私はまだ就職先に関する考え、どこで働きたいかという考えを固めていませんでした。

　そんな5月、自宅に某証券会社から「うちの会社に興味があれば、佐賀支店長の所に行くように」との電話が入りました。私は「一つでも内定をもらっておけば安心だ」との打算で、興味もないのに、あるように装い佐賀支店を訪ねました。その結果、今度は、7月某日午後7時に福岡支店に行くように指示されました。「午後7時」の時間指定に疑問を持っていましたが、当日、会場に行くと、リクルートスーツ姿の10人くらいが会議室に通されました。そこは、立食パーティーの会場となっていました。寿司、オードブルがテーブル上にドーンと置かれ、「さあ、飲め飲め」とビール、日本酒をたくさん飲まされ、そして、2時間後の午後9時から個人面接が始まったのには驚きました。「うちの会社に来るか」との質問に、ごちそうになっているのに「行きません」とは言えません。

次は、8月の大阪支社での役員面接となり、3人の面接官を前に3人の学生というスタイル。司会は、本社の人事部次長、「大学4年間で何を学んだか」というテーマで3分間話せというものでした。

　一番手は、慶応大学英語研究会の人。私は英語が大の苦手とお話ししましたが、英語でペラペラ喋りまくり、私はちんぷんかんぷん、時に役員達が笑うので「あーおもしろいことを言っているんだなぁ」と。最後の「サンキュー」だけは分かりました。

　次は、下関市立大学ラグビー部の副キャプテン。中国地区リーグ準優勝までの苦労話の最後に「15人は1人のために、1人は15人のために」とピシャリ決めました。

　そして、いよいよ私の番です。指名されてもまだ何を言おうか、頭の中がぐるぐる回っています。「さあ、どうぞ」と司会者の催促に思わず出た言葉が、「私は4年間、皿洗いを一生懸命やりました」でした。3人の役員は、ぷーっと吹き出し、お互いに顔を見合わせています。「こりゃ、ダメだ」と瞬間的に思いました。笑いをこらえながら司会者が「皿洗いで何を学んだの」と聞かれるので、破れかぶれでこう話しました。「お客さんに喜ばれる美味しい料理を作り、皿に盛りつけるのは職人さんです。しかし、その皿が汚れていたり、欠けたりしていれば、せっかくの料理も台無しになります。目立たない裏方の仕事ですが、店

**第1章
自己紹介に
替えて4題**

ののれん（信用）を汚さないようにと、日々1枚1枚の皿を一生懸命に洗いました」と。わずか1分も話せなかったと思います。

　日帰りで自宅に帰り着き、玄関を入ったちょうどその時、電話が鳴りました。受話器を取ると、先ほどの面接の司会者、人事部次長なのです。「いやー、君のことは、面接の後、話題になってねぇ。是非ともうちの会社に来てくれないか」と。「冗談でしょう」と私が確認すると、「今度、会社訪問解禁日には、東京本社に来てくれ」と言われたのです。

　11月1日、生まれて初めての東京。東京駅から歩いて10分ほどで本社ビルに到着し、受付の女性に「会社訪問に来ました、佐賀大学の一瀬と申します」と挨拶。受付の女性は、椅子に座ったまま指を差しながら「あそこのエレベーターで5階に上がってください」と指示し、私と入れ替わりの3人組に対応します。「東京大学の○○、○○、○○です」と聞こえ、見てみると受付の女性はすっと立ち上がり、この3人を誘導して、私を追い抜き、エレベーターのボタンを押しました。扉が開くと、3人を中に案内し「3階」のボタンを。私は、「5階」です。私も中に入り、5階のボタンを自分で押しました。

　3階で扉が開き、3人と受付の女性が降りました。「この3人どこに行くんだろう」私は、その後をつけてみました。すると、絨毯が敷かれた応接室のソファーで、先客

がコーヒーを飲んでいました。へぇーっと。指定された5階に行ってびっくり、大会議室みたいなところにパイプ椅子がズラリ、タバコの煙モクモクといった感じでした。偏差値の高い大学に合格できなかった私が悪いわけですが、生意気にも「こんな会社、絶対に就職するか」と思ったものでした。

　スタートの時点で大きな差がついているシビアな現実を目の当たりにし、「世のため　人のため」「警察手帳と拳銃を持つ、簡単にはなれない仕事」「学歴関係なし、自分の努力で道が開ける」と聞かされていた警察官の道を目指すことを確固なものとしたのです。

　以上、拙い話を長々としましたが、私自身、様々な経験により鍛えられ、成長してきたものと思います。皆さんも、仕事や家庭のことでいろいろあると思いますが、決して「深刻」とならず、一人で抱え込まず誰かに相談するなど、人間万事塞翁が馬、できるだけポジティブな人生を送っていただきたいと思います。来月は、警察に入ってからのお話をしたいと思っています。

（平成23年11月21日　宗像警察署長訓示）

人間万事塞翁が馬 （平成編）
～不安は努力の起爆剤～

　前回の昭和編では、警察官となるまでの私の生い立ちと当時の思いなどについてお話しました。今回は、警察官となり、いろいろな分野の仕事を経験して、今思うこと。「不安があったら一生懸命努力し、少しでも不安感を払拭する」というお話をしたいと思います。

1 経歴
～未経験ばかり～

　私の経歴をお話ししても皆さん方のためにならないのですが、異動で行くところ、行くところ、未経験の分野であったということを分かってもらうためにザーッとお話しします。

　私は、これまでに14所属、21の係を経験しました。巡査時代は、交番、留置場、知能犯。巡査部長昇任後は第一機動隊。そして警部補昇任後、宗像警察署防犯係長、刑事総務課国際捜査係長、刑事総務課法規係長（現在の法令指導係長）。警部に昇任後は、小郡警察署刑事課長、九州管区警察学校刑事教官、刑事総務課法令指導担当補佐、そして思いもしなかった管理部門、警務課昇任試験担当補佐、警務課企画第二（勤務条件・業務改善）担当補佐。警視に昇任後は、久留米警察署刑事管理官、刑事総務課管理官、そして警察庁に出向し暴力団対策課課長補佐、県に帰って組織犯罪対策課次席、監察官、特命監察官、

そして宗像警察署長という経歴です。

2 係長時代
～ぼやいても悔やんでも前には進まない～

　そういう中で、特に、係長時代のお話しをします。警部補に昇任し、宗像警察署防犯係長となったわけですが、「ずぶの素人」。「防犯警察」については、初任科・現任補修科教養での知識しかありません。私以下4人、いずれもいぶし銀の巡査部長、巡査長、巡査。着任後3日目に「係長、覚せい剤でガサ（捜索）するから、決裁して。急ぐけん！」と捜索差押許可状請求の決裁。早速、「試されているな！」と思いましたが、判らない者が見ても混乱するだけだと思い、そのまま課長に「すみません、ガサ状の請求です。次からは、きちんと見ますので、課長、今日はお願いします」とパスしました。

　係長として早く一人前にならなければ、とそれから帰宅後、官舎で2週間かけて当時の『防犯部報』（現『生活安全部報』）の過去3年分を読み、防犯警察とは何なのか、どんな仕事をするのか、どう進めていくのか、ぼんやりとですが理解するとともに、覚せい剤捜査では、次回から、恥も外聞もかまわず係の人に指導を受けながら、自ら総合報告書を書き上げたりしました。また、ガサに行く前などは、毎回、警察庁の覚せい剤捜査に関する解説書を確認し、

第1章
自己紹介に
替えて4題

緊急事態をシミュレーションし、先ず先頭に立つことを心掛けました。本当に充実した2年間でした。へぼの係長でしたが、当時のメンバーとは今でも飲み会をやっています。

　次に、初めての警察本部勤務、刑事総務課国際捜査係長となるわけですが、今から21年前、「国際捜査？　何をする所？」といった感じでした。事務引継で前任者から、1か月後には警察学校で「国際捜査専科」を主宰しなければならない、3か月後には国際協力機構（JICA）による発展途上国の捜査幹部を対象とした3日間の研修セミナーの受け入れ、本部長主催の歓迎レセプションを企画しなければならないなどと言われ、またまた全く経験したことがない仕事、ちんぷんかんぷん、目の前が真っ暗になりました。しかし、時間がありません。専科教養に備え、警察庁が作ったマニュアル『国際捜査全書』を2週間で読むとともに授業案、部外講師の手配など、まさに手探りで段取りを行い、セミナー関係では、警察庁の担当警部と折衝を重ね、会計課とは予算の確保、ホテルと歓迎レセプションの打ち合わせ、本部長歓迎挨拶の起案など本当に必死でした。

　そして、わずか半年で国際捜査、お役ご免。刑事総務課法規係長に課内異動。現在の法令指導係ですが、当時、法規係は係長1人だけで、県下の法令質疑に対応していました。執務資料である刑事部報も毎月編集・発行しな

ければなりません。前任者は、九州大学法学部出身の方で、過去の質疑回答を見てびっくり。「民法第○条によれば……」「商法第○条……」など刑法・刑事訴訟法以外の内容が、まるで法律雑誌の解説のように書かれているのです。当時は、1日に数件の重たい・難しい質疑が入っていました。そして、修羅場をくぐった特捜班長や時には警察署長から直接なんてことも度々でした。

　またまた、ゼロからの出発でしたが、職場のキャビネットにズラーッと並んでいる法学関係や令状請求関係などの本を片っ端から見ました。「見ました」というのは、読んで理解する能力はないので、「この本のここのところに、こんなことが書いてある」ということを頭にインプットしたのです。また、過去の質疑、当時2,000件くらい編集してあったと思いますが、これも「こんな質疑がある」ということをインプットして対応しました。質疑があれば「あそこに似たような質疑があった。その関係は、あの本のどこ辺りに載っていた」と資料を見返し回答。「書いていない、過去にもない」こんな質疑は、最終的には警察庁や法務省などに質疑しなければなりません。

　また、休日や深夜、自宅に質疑されることも度々ありました。警察署の刑事課長から手続関係で待ったなしの状況ということも経験し、結局、自宅に本を備え付けることにしました。根拠のない回答はできません。中途半端な回

答もできません。自宅から警察本部に行く時間も惜しまれます。今でも妻から、「何で大金をはたいたの？ 邪魔！」などと愚痴られますが、検察庁も備品である大コンメンタール刑法全巻約14万円をはじめ捜査手続、令状請求関係など、職場で頻繁に見ているものを備えました。

　刑事部報も30号編集・発行しました。悪戦苦闘の編集でしたが、一番頭を痛めたのが巻末の「あとがき」でした。刑事の本音をさらりというタッチで読者の記憶に残るもの、おもしろい内容をとネタ探し、ウィットに富んだ内容にこだわり続けました。

　ということで、この当時の経験が、後に皆さん方の役に立っているのか判りませんが、執務資料『擬律判断の手引』の作成の際に大きな力となりました。

3 不安は努力の起爆剤

　我々は「職業人」です。警察官・警察職員として、与えられた仕事をきっちりこなしていかなければなりません。時に、私のように未経験の分野を担当することもあるかもしれません。しかし、それでも辞令が出た以上、仕方ありません。また、やったことがない、未経験の仕事だからとの言い訳もそう長くは通用しません。

　ぼやき悔やんで立ち止まるのか、それとも「よし頑張ろ

う」と前に出るのか、精神的ストレスも職業人としての成長にも大きな差が出ることでしょう。

　不安は努力の起爆剤。「不安」を感じたらその解消に向け、自分なりに「努力」する、「不安」をバネに具体的行動を起こし、期待される「職業人」を目指す姿勢を持ち続けてもらいたいと思います。

　　　　　　（平成 23 年 12 月 19 日　宗像警察署長訓示）

3 「不安」は「努力」の起爆剤 その2

　県下の刑事警察に携わる警察署捜査員の約23パーセントが30歳未満、また、約40パーセントが捜査経験3年未満と聞き、若い世代の、また捜査経験の浅い皆さん方の躍動に大いなる期待が寄せられていることを改めて実感しました。今から20数年前、私も刑事に任用していただいたわけですが……。

セッケンデビューの頃

　現任補修科（現在の初任補修科）終了後、急きょ、欠員補充として交番から留置管理係員となった私。「一瀬君、7番せっけん」。看守台の私に向かって管理係主任の声。素早く洗面台から留置人番号7番の石鹸を主任の手に。今にも吹き出しそうな主任の顔。———実は、「接見」。面会だ！

　その後、念願の刑事任用。強盗だ、喧嘩だと喧騒のまっただ中の刑事当直。チーム5人のヘッドである部長刑事は、取調室を行ったり来たり。「緊急逮捕だ」「現場引き当てだ」と矢継ぎ早の指示。何か部長の手助けができないかと「部長、弁録（弁解録取書）、私が取りましょうか？」。部長曰く「取れるもんなら取ってみろ！」———司法警察員の権限、ヒラ刑事（巡査）ではできない！

　ほかにも、現行犯人逮捕手続書は「甲」か「乙」か、捜索差押許可状請求書は「犯罪事実の要旨」か「被疑事実

の要旨」か、係（知能犯）では「融通手形」、「根抵当権」？？？

分からないことが分からない

　名ばかりの「刑事」。理論と実践（行動）が結びつかず、また、生来のそそっかしさも災いし、失敗談を挙げればきりがありません。今更ながら汗顔の至りです。

　刑事として求められる知識は、法学的素養はもちろん社会・経済の仕組みなどきりがなく、また、対人能力やいわゆる勘・センスも養わなければなりません。何を勉強すればいいのか、上司、先輩の指導を受けるものの分からないことが分からず、これで刑事としてやっていけるのか「不安」な日々を過ごしました。

闇の夜道の松明(たいまつ)

　そんな折、見かねた？先輩刑事が『主要刑法犯の論点（上・中・下）』と『捜査手続　質疑応答集』という執務資料を貸してくれました。今は絶版となっていますが、実例が盛りだくさんで、論点がわかりやすく整理され、何より経験不足の私にとって、疑似体験が可能でした。

　「よし、これから始めよう！」と、例えば、捜索、逮捕に従事する前にその解説部分を、また、上司が適用法令について擬律判断したときには、その考え方を確認などというように、現場で起こった、あるいは予想される事態への対応について、

自分なりに理解し、実際の仕事（動き）に活かすことができるよう努めました。刑事としての成長ぶりについては、当時の上司の方々に聞いていただかなければ分かりませんが、私としては、少しずつですが、不安が解消され、仕事に対する意気込みがさらに増していったことを覚えています。

不安は努力の起爆剤

若い捜査員の皆さん、冒頭の私のような稚拙な経験をされる方はいないと思いますが、「不安は努力の起爆剤」です。「不安」を感じたらその解消に向け、自分なりに「努力」する、「不安」をバネに具体的行動を起こし、自ら理想とする刑事像に近付いていただきたいと思います。上司、先輩、執務資料、研修の機会など応援団もうまく活用して。

最後に、もの作りに関し、「愚直に努力するということは、先人の仕事をそのまま真似ることではない。その仕事振りを丁寧に観察し、うまくなるために自分で工夫する。教えられたとおりに同じことをやり続けることとは訳が違う。」（畑村洋太郎・東京大学名誉教授「もの作りの精神を忘れた日本人の凋落」）という文面を目にしました。私たちの仕事にも通じるのではないでしょうか。（組織犯罪対策課管理官（次席））

「捜査随想」『刑事部報 平成 20 年 5 月号』

4 想い出の214頁

　(九州管区警察学校)敷地内にある官舎住まいの気軽さも手伝い、学生との懇親会にはできるだけ参加させてもらい、ときには、夜、寮室に押し掛けて学生といろんな話をしました。武勇伝や今だから話せるエピソードの交換など、時間が経つのを忘れる、まさにもうひとつの課外授業でした。

　そんな中、入校間もない一人の学生から「捜査経験が浅く、捜査手続に関し自信がない。少ないゼミの準備時間内にどんな本を読んでいいのかも分からない、当直主任としてやっていけるのか心配だ」と打ち明けられました。いろいろ話を聞いてみると、多くの学生が同じ悩みを抱いていました。このことがきっかけとなって、捜査手続の手引書が作れないかということとなったのです。

　刑事担当教官を中心に現場の警察官にとって何が必要か、いかに分かりやすく整理するか、そしていかにコンパクトにまとめるか、すなわち「パッと見てスーッと分かる」手引書づくりのためにとことん議論検討し、半年の期間を経て『要点整理　捜査手続法』が完成しました。

　この執務資料の中に「本稿で確認しておきたい重要判決(決定)」の項目がありますが、これは学校長自らが加筆された部分で、完成間近の数日間、私たちが参考とした文献・執務資料のすべてを校長室の執務机の上に積まれ、深夜遅くまで校長室の電気が消えなかったことを

**第1章
自己紹介に
替えて4題**

いまだに覚えています。まさに、九管校教官の総力戦での完成であり、今も学生に活用していただいていると聞き、当時作成に携わったことを幸せに思っています。(警務課課長補佐)

(九管校『教官生活を振り返って』
平成13年8月1日から抜粋)

第2章

自らを鍛える

34

のヒント

Hint 01

縦、横、斜め

「報・連・相（ほうれんそう）」、「報告」「連絡」「相談」のこと。間違った仕事をしない、あるいは仕事を効率的に進める上での心構えとしてよく説かれます。

これと似通ってはいますが、仕事を進める上でのキーワードとして、「縦、横、斜め」の確認。

【縦】　上司への報告、部下への指示など
【横】　他のセクション（課、係など）への連絡、調整など
【斜め】他機関（検察庁、知事部局など）への連絡、調整など

案件処理。自分として何を行わなければならないかを考えると同時に「縦はどうする」「横は関係ないか」「斜めに手を打つ必要は」などと考え、行動することも必要です。

ひとつのセクションのみではなかなか解決できない課題が多くなり、事象の動きも速い時代です。案件処理の過程で、チェックを心掛けたいものです。

Hint 02

第2章 自らを鍛える 34のヒント

緩急粗密 (かんきゅうそみつ)

「緩急粗密」。私の造語です。仕事を進める上での配意事項とでも言いましょうか。取り扱う案件も千差万別、濃淡ありです。感覚的には、

【緩】 ゆっくり、じっくり取り組むべきもの
【急】 急いでやるもの
【粗】 ざーっとでいいもの(どうでもいいとは違う)
【密】 詰めて、詰めて、詰めまくるもの

表にすれば、4パターンになるんでしょうか。

パターン	緩	急
粗	④	①
密	③	②

特に、①については、突発事案発生の報告など、とりあえず手書きのメモで「第一報」などが考えられます。詳細が把握できてからと、時間をかけての「報告」では、立ち上がりや対応が遅くなることが懸念されます。

ケース・バイ・ケースで物差しやマニュアルはありませんが、空気を読んで、仕事の進め方を考えることは大切です。

Hint 03
新聞記事に目を通す

　朝、出勤してきた上司から「朝刊に（担当業務に関する）○○って載ってたけど、現状はどうなんだ。部長に報告したいんだけど」なんて聞かれた経験はありませんか。

　職場内で「あいつは勘がいい」、「あいつは先を読んで仕事をする」などの人物評を耳にします。その方々がどのようにして力を付けているのか私には分かりません。しかしながら、身近なヒントとして、毎朝の新聞記事に目を通すことに効用があると感じています。

　世の中の動きに敏感であること、組織に求められる重要な要素です。「自分の担当業務に関連する、関連しそうな記事」を見つけ、自分の業務に生かすこと。担当業務から、県警、警察、治安へと着眼の幅が徐々に広がっていけば最高です。

　「補佐、朝刊に・・・と載っていましたが、現状は、・・・です。私としては、○○したいと思います。いかがですか。」～決して茶坊主ではありません。仕事がおもしろく、上司からの信頼も厚くなることでしょう。

Hint 04 始業前点検のススメ

第2章 自らを鍛える 34のヒント

朝出勤したら、まず、一日の仕事の段取りを決めると思います。その際、担当業務に関して、当直時間中の取扱内容を確認する必要があると思います。受け身でも分かる新聞・テレビ報道、積極的な当直主任への確認など。私自身、警察署の係長、課長、管理官時代、出勤すると、まず、当直のところへ行き、日誌を見て、気になるところは当直主任に確認後、デスクに向かっていました。

なぜなら「至急、至急」案件が飛び込み、朝一番から対応しなければならない場合があるからです。それを知らず、前日の感覚のまま予定を組み仕事を始めようとすると、上司から「昨夜、○○があっているので、・・・を至急やってくれ」という感じで、心の準備もなく、いきなり振り回されるような感じの一日のスタートとなるからです。

仕事は、段取りよく、スマートに進めたいものです。

始業前点検として「当直中、何がありましたか？（敢えて、「何かありませんでしたか？」ではなく）」を。

Hint 05
自分の頭で考える

　電話でのやりとり～「補佐に伺いを立ててからでないと返答できません」。正しい応答にみえますが、いわゆる丸投げの姿勢であれば、係長としていかがかと思います。「自分だったらどうする」、「複数選択肢があるが、（理由）から○○○」等自分で考え、判断し、意見を言う癖を身に付けたいものです。

　さらに、具体性も必要です。「事実関係をよく調査し、的確な対応を図ること」～指示として正解でしょうが、もっと踏み込み、その時点で考えられる問題点を自分なりに考え、その対応方針（案）等が欲しいものです。相手方にとってもありがたいことでしょうし、上司にとっても、スピーディーな判断、指示の材料となります。

　また、警察庁からの通達等については、発出の背景を探ることも必要です。「何でこの時期に、こんな内容が？」担当者に確認するなどし、それではどうするか、起案に際して大いに参考となるでしょう。

　自分のこととして、自分の頭で考え、判断し、意見することの積み重ねが、大きな成長へと繋がるものです。

原典に当たる

　警察学校初任科時代。教場には、教科書、ノートとともに『警察小六法』『実務必携』そして、『福岡県警察関係法規類集』（俗称「県六法」）を携行していました。実務では「県六法の何ページ、○○という規程が根拠だ」と。

　最近、昇任試験の面接指導を行う機会があり、受験者に、いつも行っている拳銃の出し入れの際の格納所に入る人数について質問。全ての受験者から正答を得ました。しかし、根拠を言えた人は、ごくわずかでした。昇任試験の最終関門に挑む人でさえ！　これまでの経験も含め、「根拠」を確認することを忘れた職員が多くなってきているのでは、と感じています。

　近年、規程改正などに際し、本部担当部署からわかりやすいポンチ絵風のワンペーパー資料やマニュアルが発出されています。それはそれで、短時間にポイントが理解でき、忙しい現場の職員にとって大変ありがたいことです。しかしながら、受け手の職員が、それだけで理解したつもりになり、原典に当たろうとしない姿勢が当たり前になることを危惧しています。

　私の単なる思い過ごしであればいいのですが。

Hint 07

自分の言葉で話す

　自分一人で完結する仕事というのは限られています。上司の決裁、他課・係との調整などなど、仕事を進める上で、他人に「納得してもらう」「感動してもらう」「行動してもらう」ことが必要となり、そこには、いわゆる対話能力が求められます。

　高井伸夫『3分以内に話しはまとめなさい』(かんき出版)によると、話し方に関して、

○　裏付けのできる話をする
○　数値化できるものは数値化して客観的に話す
○　話の要点を要約する
○　比喩(たとえ)を使い分かりやすく話す

などが挙げられています。

　比喩に関しては、「クローン人間って何?」と聞かれ「孫悟空が自分の毛を抜いてプッーと息を吹きかけると、何百匹の孫悟空となる。早い話、あれと同じことが可能となったということ」というような例も。

　詳細な説明を要する事柄や込み入った問題などを相手方にスーッと理解させる力を身につけたいものです。

Hint 08

言葉（日本語）を大切に

第2章
自らを鍛える
34のヒント

　文化庁の「平成22年度　国語に関する世論調査結果」の解説中に、「情けは人のためならず」とは、人に情けをかけて助けてやることは人のためにならない、という意味ではなく、人に情をかけておくと巡り巡って結局は自分のためになるということ、とありました。私自身、間違って使っていたことを恥ずかしく思いました。

　また、「汚名挽回」。「挽回」は一度失ったものを取り戻すこと。正しくは「汚名」を「返上」して、「名誉」「挽回」。

　そのほかにも表現として、
○　間が持てない（×持たない）、
○　雪辱を果たす（×晴らす）、
○　的を射た（×得た）、
○　体調を崩す（×壊す）

なども紹介されています（平成29年9月発表の平成29年度調査では、「存亡の機」が「存亡の危機」、「足をすくわれる」が「足下をすくわれる」として定着していることが紹介されています）。

　「○○というポストは、私には役不足です」。謙遜のつもりで言っては大失敗。「私には、もっと力があるので、こんな役職は軽すぎて満足できない」という意味。「力不足」との混同です。人から笑われない、正しい日本語を使いたいものです。

Hint 09

報告（結論を先に）

　当直主任が署長公舎へ電話報告〜
「夜分、お休みのところ申し訳ありません。ちょっと事件が起きましたのでお電話しました。今夜○時○分頃、○○で、○○方向から○○方向に向け、時速80キロで走っていた普通乗用車が、道路横断中の○○居住の会社員○○をはねてその場に転倒させ、頭部打撲などの傷害を与え、そのまま○○方向に逃走しました」——何だ、ひき逃げか！
「そうです」——それならそうと早く言わないか！

　知りたいことが後回しになっているから上司はイライラするのです。上司が知りたいのは「何が起こったか」、その内容により急いで次の手を打つことが必要な場合もあります。

「ひき逃げ事件が発生しました」——いつだ
「20分くらい前です」——場所はどこだ
「○○の国道です」——亡くなったのか
「いぇ、ＩＣＵで治療中です」——相手は
「○○方向に逃げました。普通乗用車ということしかわかっていません」——手配は
「指令室を通じて手配しました」——よし、すぐに行く、鑑識を現場に呼んでおいてくれ
「はい分かりました」

Hint 10

「悪い情報」は、まず上司に第一報を

第2章
自らを鍛える
34のヒント

「即報事案処理要領」って知っていますか？ 監察関係の規程です。警察事故など（別表に明記）が発生した場合の警察本部長への「即報」要領が定められています。警察の信頼を失墜するおそれがある事案や社会的反響が大きいと予想される事案などについて、迅速かつ的確な処理を行うための要領です。

なぜ「即報」なのか。素早い立ち上がり、組織的な対応が大切で、危機対応の基本だからです。

「悪い情報」とは抽象的で、軽重や内容多種にわたり具体的に言うのは難しいのですが、非違事案はもちろん仕事上の失敗、ミスなどで「これはまずい展開になるのでは」というものではないかと思います。

幹部には、「悪い情報」をキャッチできる度量、「悪い情報」と感じるセンス、そして「とりあえず第一報」という行動が求められると思います。

「至急、至急」の姿勢。報告の過程で、上司や関係部署などから、対処の方向性やいろいろなアドバイスももらえると思います。

Hint 11 仕事の進め方

　私たちの仕事の内容は多岐にわたっていますが、仕事の進め方としては、総じて①事実関係の把握、②分析、③問題点の抽出、④対策の実施、⑤効果の検証と整理できるのではないでしょうか。

　特に、事実関係が正しく掴めないと事後の手を適切に打てないことにもなります。時には、「現場、現物」と自分の目と耳で確認することが必要となる場合もあるでしょう。「知らない者」と「分からない者」が検討しても方向性を誤らせるだけで、極めて危険なことです。

　また、企画に当たっては、前例がある場合でも「このままで良いのか」「問題点はないのか」「他に方法はないのか」といった視点が大切だと思います。「目的は一つ。手段は、千差万別。最善の方法を選ぶ」という姿勢です。

　最後に、仕事への意気込みです。いわゆる「指示待ち」は楽ではあると思いますが、充実感を得ることができないと思います。攻めは苦しいものですが、目的達成の喜びと自信を生み出し、問題解決能力を育て、一回りも二回りも成長させてくれるものです。

Hint 12 立ち位置と振り付け

第2章
自らを鍛える
34のヒント

　舞台では、役者の「立ち位置」があり、「振り付け」とともに観衆に与える感動にも大きな影響を与えます。

　私たちが仕事を進める上でも、「立ち位置」と「振り付け」があると思います。

　ある案件が係に舞い込んできたとします。どのような立場で関与するのか、主体となるか、補助的な立場でよいのかなど基本的なスタンスが「立ち位置」です。

　そして、課題解決に向けて、具体的に考え、自分としてどう対処していくか、また、上司や他課などに動いてもらう必要があるのか、必要性があれば具体的にどう動いてもらうかなどが「振り付け」だと言えます。

　観衆により良い感動を与える、仕事で言えば成果に結びつけるため、この「立ち位置」と「振り付け」は重要です。

　大向う（芝居の立ち見席）をうならせるコーディネーターとして腕を磨いてください。

Hint 13

人事異動で新所属に着任したら

　新所属に着任したら、「長（与えられた職）」として待ったなしで、業務を進めていかなければなりません。「着任して間がなく」というのも、そう長くは続けられません。

　要は、早く担当業務全般にわたり、仕事の段取りを決めることだと思います。そのためには、現状、問題点、対策という、正に昇任試験の答案の流れを実践することだと思います。

　具体例の一つとして、
① 前任者からの引継ぎ
② 着任後の課・係員とのミーティング
③ 自分なりの方針策定
④ 方針に対する課・係員からの意見聴取
⑤ 上司への方針伺い
⑥ 課・係員への方針指示

という流れがあります。前任者からの引継ぎで大まかなイメージを描き、着任後の課・係員とのミーティングでより細かな「生」の現状、問題点、課・係員が考えている仕事の段取りなどを把握。その上で、優先順位やタイムスケジュールなど「長（与えられた職）」としての方針を上司に伺い、組織的に了解を得た上で、業務を推進していくという流れです。

　新しい職場で、清々しい新風を吹かせ、成果を上げた喜びを部下の皆さんと是非とも分かち合ってください。

Hint 14

文書作成のポイント

第2章
自らを鍛える
34のヒント

　文書作成に関して、人様に云々と言える能力もなく、上司から指導を受けた内容です。あしからず。

　一つ、文書は、明瞭で、正確で、簡単であること。署長通達を起案した際、「交番の新任配置の巡査が読んでわかるか？」と指導を受けた経験があります。

　二つに、文書作成の要諦は、

① 誰に対する文書か
② 目的は何か
③ 何を伝えるのか
④ どのように伝えるのか
⑤ 結果として何を期待するのか

であると指導を受けたこともあります。

　文書作成能力というものも、一朝一夕で身につくものではなく、積極的に書いてみる、書いて書いて成長する、正に不断の努力により向上するものでしょう。

　また、例えば、自分自身の考えを文書にしてみると、うまく書けないことがあります。それは、考え方が十分に整理できていない、重要なポイントについて確認や詰めるべきところがあるから、ということもあります。

　できるだけ「書いてみる」（現在では、「キーボードを叩く」という表現でしょうか？）ということをお奨めします。

Hint 15

幹部の指導力と自己研鑽

　平成23年10月、プロ野球ソフトバンクホークスがリーグ優勝し、その祝勝会（ビールかけ）でのインタビューで、小久保選手が「今までで一番強いチームだった」と言うのを聞き、ふと思ったことが二つあります。

　一つは「（前身の）福岡ダイエーホークス初期の頃は、本当に弱かったのになぁ」、二つは「チームワークって何だ」ということです。

　今から23年前に福岡ダイエーホークスが誕生します。応援歌の「若鷹軍団」が示すように当時のチームは、本当に若くてホヤホヤの選手、新任警察官みたいな選手ばかりでした。最初の8年間は、ずーっとBクラス。最下位が3回、5位が2回。あまりに弱いので、平成8年5月の対近鉄戦では、「王監督辞めろ」などという横断幕が球場内に掲げられ、試合終了後、監督以下選手が乗り込んだバスをファンが取り囲み、立ち往生、生卵50個がフロントガラスに投げつけられる、また、同じ年の9月の対西武戦では、球場の360度からホークスをやじる怒号とともに発炎筒が投げられ、試合が中断されるという場面もあったほどでした。

　強豪選手の獲得などチームの大規模な補強が図られたとは思いますが、「若鷹軍団」は、20数年

第2章
自らを鍛える
34のヒント

の間に、数々の試練に鍛えられながら大きく力を付け、他を寄せ付けない実力の集団へと見事に成長したのではないかと思いました。

また、野球はチームプレー、一人一人の選手のプレーが一体となる、投・打・走・守など選手一人一人がそれぞれの持ち場でしっかりと活躍し、最高のプレーができてこそ精強なチームといえるのだと思います。

近年の大量退職による警察組織の若返りは、いわば「若鷹軍団」化とも言えるでしょう。実戦の知識・経験が乏しい警察職員が、一日も早く力を付け、組織の中核として最大限の力を発揮できるか、そこには「幹部・先輩の指導力」と「若鷹自身の努力研讃」が求められます。

旧日本海軍の連合艦隊司令長官・山本五十六が、指導の極意として「やってみせ　言って聞かせて　させてみて　褒めてやらねば　人は動かじ」と言っています。その次があるのをご存じでしょうか。「話し合い　耳を傾け　承認し　任せてやらねば　人は育たず」「やっている　姿を感謝で見守って　信頼せねば　人は実らず」と。心に響く名言だと思います。

そして、何より指導を受ける側の直向(ひたむ)きな努力

が必要です。山本は「苦しいこともあるだろう　言いたいこともあるだろう　不満なこともあるだろう　腹の立つこともあるだろう　泣きたいこともあるだろう　これらをじっとこらえていくのが男の修養である」と言っています。

　警察は、マンパワーの仕事だと思います。職務質問や取調べに代表されるように警察職員のセンス・技量が、仕事の成果を左右するという場面も少なくありません。

　我々は「職業人」です。自信を持って仕事ができるよう、若手職員だけでなく幹部も含め、現状に甘んじることなく自己研鑽に励む姿勢を持ち続けたいものです。

（平成23年10月5日　宗像警察署長訓示）

Hint 16 縦型、横型のリーダーシップ

第2章
自らを鍛える
34のヒント

　リーダーシップというと、部下に対して、自ら上司としてビジョンや目標を示し、組織構成員のモチベーションを上げ、困難を伴っても成し遂げること、あるいはその姿勢がイメージされます。戦国武将が「将軍のためには命をかけて……」で代表されるような縦型のリーダーシップです。

　ところで、「犯罪の起きにくい社会づくり」を例に挙げると、その推進に当たっては、自治体、事業者、地域住民などとの協働が不可欠です。

　そこで、リーダーには、自分と違う考え方や価値観を持っている人たちのことを理解し、それらの人たちを琴線に触れるように説得し、具体的アクションにつなげていく能力が求められることとなります。これが横型のリーダーシップです。

　縦型と横型のリーダーシップを鍛えるため、チャレンジ精神を持ち、リーダーとしての自分の弱点に気付き、その克服を習慣化する姿勢が求められます。

　「縦型」と「横型」のリーダーシップを力強く発揮して、素晴らしい成果を上げてください。

Hint 17

幹部としての姿勢

スポーツの世界で言う「心・技・体」になぞらえて。

「心」。幹部自身が、仕事に対する誇りや使命感を持たなければ、部下はついてきません。「これをやらなければ」「絶対にやり遂げる」という意気込み・情熱が必要です。

「技」。目的達成のため手段・方法を一所懸命に考えることです。その一つとして「仕掛け」、「どうすれば、どのようになり、その後の展開は」と。二つ目は「具体的に考えること」です。街頭犯罪対策を例にとると「制服警察官を大量に街頭に出し、地域ボランティアとも協働して抑止を図る」。間違いではありませんが、いつ、どれだけの警察官が、どこで、どのような活動を行うのか見えません。対策推進上の問題点、事前に解決しておくべき事項などが分からず、言葉だけで中身がないのと同じです。

「体」。一つは「体制」、係やプロジェクトを一枚岩とすることです。二つ目は「点検」。係を人体に例えると、どこか痛みがないか、動きはスムーズかなど士気や業務推進状況を適宜チェックすることが大事だと思います。

Hint 18 指示は具体的に

第2章 自らを鍛える34のヒント

　警察署長が刑事管理官に「○○地区の空き巣の多発。至急、対策をとるように」と指示。刑事管理官は、刑事第三課長に「○○地区の空き巣対策、至急行うように。署長指示だ」。刑事第三課長は盗犯係長と係員に「○○地区の空き巣犯の早期検挙を。署長指示だ」(これでおしまい)。署長の指示は、確かに捜査員にまで伝わりはしましたが……。

　ポストにより指示の仕方や内容も異なると思いますが、この例は、総じて具体性に欠け、捜査員は「何をやるんだ？」という気持ちになるでしょう。「何のために、具体的に何をやる」ということが共有されずして、組織として実効ある機敏な動きはできないと思います。

　この場合、空き巣事件の発生状況を分析した上で、対策、捜査方針を定め、「署長の指示を受け、○○地区の空き巣犯検挙に向けて、課として○○を行う」「盗犯係を中心に○ヶ班編成」「地域課にも応援要請し、○名が○○を行うので、連携を」「具体的には……」幹部として、指示を行う際、「具体的に」という点に気を配って行きたいものです。

Hint 19

新任職員への指示

　警察学校を卒業し、新任配置後、間もない頃。新任は、毎朝、1階行政室の掃除を。その時、警務（現総務）係長が「○○君、これコピー焼いてきて（※当時は、こんな言い方）」と同期生に手書きの資料を手渡し。勢いよく飛び出していった同期生。それから間もなくして、警務係長の「○○君、コピーは？」との問いに、同期生が「えーっ、焼却炉で焼いてきました」。見る見る警務係長の顔が真っ赤に。「土、日、出勤して作ったのに」とがっくり……。同期生には「焼いてきて」という指示だけが聞こえていたのです（後日談）。

　ある企業で、新人にファックスを送るよう文書1枚を手渡し。その後、担当係のところに相手先から苦情の電話。「あなたの会社から、同じ内容のファックスが、もう何十枚も来るんだけど」と。新人は、物理的に文書が相手方に移動するものと思い、ファックス機から排出される文書を何度も送っていたという話しを聞いたこともあります。

　二つの話しは、極端な事例かもしれませんが、要は、新任職員に対する指示は、特に、丁寧に行い、指示の内容を正しく理解しているか確認することも必要だと思います。

Hint 20 ミスや失敗への対処

第2章
自らを鍛える
34のヒント

　新任時代。警ら中の交通違反処理を終えて、交番に帰り、反則切符を確認したところ、違反者の指印がない。生来、そそっかしい私。「しまった！どうしよう？」「違反者は県外の人、今さら……」「上司から叱られる」頭の中が混乱。一瞬「自分の指で押すか」と悪魔のささやき。「だめだめ」、受話器を取り、本署の交通指導係へ相談。「顛末の報告書を作りなさい。今度から気を付けてね」と優しい女性警察官の指導。天使の声にホッとしたことを覚えています。

　ミスや失敗、これをいかに是正するか。軽率な修復措置、「隠す」「騙す」「ごまかす」は最悪。職を棒に振る、内容により刑事罰も。書類作成のミスを正しく是正しなかったがために「文書偽造」、隠したために「文書毀棄」など。

　ミスや失敗には、正しい是正。幹部は、正しい是正を教養。しかし、ミスや失敗は種々相。部下からミス、失敗の報告を聞き、正しい是正を指導するというのが現実なのかもしれません。

　日頃から、部下が相談をしやすい雰囲気づくりに気を配っておくことも大切だと思います。

Hint 21

ローカルルールの戒め

　ローカルルール。ゴルフ場にもありますが、ここでは、ちゃんとしたルールがあるのに、それを無視した、一所属でしか通用しないルールを言います。

　通達等で、手続・要領が定められているのに、その手順をいわばショートカットする、「手抜き」をするといったものです。「その都度」とあるのに「まとめて」、「決裁を経て」とあるのに「決裁を経ず」、「1カ月毎」とあるのに「都合のいいときに」など……。

　我々が仕事を進める上で、証拠品や物品などの管理をはじめ様々な手続・要領などが定められています。「面倒だから」と、その係だけで通用するローカルルールが運用されてはいけません。通達等でルールを定めるに当たっては、きちんとした理由があるからです。

　「基本の厳守」とよく言われますが、「決められたことは、決められたとおりにやらせる（やる）」ことが大切です。仮に、実態にそぐわず変更の必要性があるならば、組織的検討に訴えるべきです。

　「見て見ぬふり」は最悪。業務管理の一つの要諦だと思います。

Hint 22

相談相手を多く持つ

第2章
自らを鍛える
34のヒント

　仕事を進める中で、迷ったとき、分からないときなど正鵠を射たアドバイスをしてくれる人がいるのはありがたいものです。

　スポーツのポイントゲッターではありませんが「この人に聞けば」という人を多く持つこと。例えば、会計関係では誰、捜査手続関係では誰などと。

　我々の職種は、多岐にわたり、いつどのような業務を担当するかわかりません。もちろん、本部には担当セクションがあり、有権解釈を出してくれます。しかし、「ダイレクトにはちょっと」あるいは、「担当者とは面識がなく聞きづらい、橋渡しがほしい」といったこともあるでしょう。

　私自身、巻頭で経歴を紹介しましたが、特に係長時代には、捜査部門の特別捜査班長や係長、警務課課長補佐時代には、各部の課長補佐など多くの人たちと面識を得、本音で話せる人もいて、今では、貴重な財産となっています。

　「ちょっと、相談に乗ってくれませんか？」二つ返事でOKをもらえる人を一人でも多く持ちたいものです。

Hint 23

部下に対する思いやり

　平成22年7月27日付けの『讀賣新聞』朝刊の「就活ナビ」という記事の中で、いわゆる草食系男子が苦手とすることとして「汗をかく、恥をかく、文章を書く」とありました。警察職員にも通じるのかなぁとも感じます。

　部下に「汗をかかせる」「恥をかかせ[※]（て勉強・努力の必要性を痛感させる）」「文章を書かせる」という指導が大切だと思います。

（※ 内容・程度は考えなければなりませんが。）

　また、やかましく言うだけでは伸びません。萎縮したり、反発心が増幅することが考えられます。アフターケアが必要です。TCCマネジメント代表の田邊晃氏は「人間の4つの幸せ」として、「愛されること」「ほめられること」「人の役に立つこと」「人に必要とされること」と述べておられます。

　部下を伸ばすためには、幹部として

○　部下を（家族と思い）愛し

○　部下をほめ

○　（部下に仕事が）人の役に立っていることを実感させ

○　（部下が）組織に必要とされていると解らせる

という気配りも大切だと思います。

第2章
自らを鍛える
34のヒント

パワーハラスメント

　平成25年9月、大阪府立桜宮高校バスケットボール部の男子生徒が体罰を受け自殺した問題で、傷害、暴行罪で在宅起訴された元顧問教諭に対する初公判。検察により生徒に平手打ちする模様などのビデオが公開され、被害者参加制度で公判参加した男子生徒の兄から「あなたの息子に同じことができますか」と問われた元教諭は、うつむき「できません」と言った、という記事を目にしました。

　我々幹部には、部下に対する指導教養という大切な役目があります。体罰は決して許されませんが、叱るときには、きっちりと叱らなければなりません。

　他方、「人間は感情の動物」と言われるように、部下の受けとりようも上司との人間関係など様々な要素で変化しようとも思います。

　パワーハラスメント防止のための指導教養が行われている中、冒頭の「体罰」の例ではありませんが、一つのポイントとして、「部下に対する言動」をそのまま「自分の妻（夫）や子どもにもできるか」という点があるように思います。

Hint 25

幹部としての戒め

　警察大学校警察運営科で配付を受けた資料に「幹部の心構え」と題するものがあります。以下、その内容です。

　「万一、階級なるものが、特権、傲慢、不勉強という意味に理解されるならば、その瞬間において警察組織の命脈は失われる。

　組織体における階級は、指導と垂範、そして責任を負うために存在することを一瞬たりとも忘れてはならない。

　プロ集団としての組織を作るかどうかは、幹部の姿勢にあり、換言すれば幹部が部下より、より多くの汗を流すかどうかにかかっている」（土田國保・元警視総監）。

　土田元総監は、警視庁警務部長在職中の昭和46年、お歳暮に偽装された爆弾が自宅に郵送され、爆発により夫人が即死されるという事件（土田・日石・ピース缶爆弾事件）に遭われています。

　階級が上がったといって踏ん反り返るな、あぐらをかくな。幹部は部下以上に汗を流し、組織を引っ張っていく姿勢が大切と、今でも、自分自身に対する戒めとして、この資料を幾度となく読み返しています。

Hint 26

ヒト・モノ・カネへの配意

第2章
自らを鍛える
34のヒント

　署長時代、会計課員が「私たちは、組織の縁の下の力持ちですから」と、控えめに謙遜した物言いをされるものですから、「違うよ。皆さんは、組織の心臓だよ」と言ったことがあります。人に例えると、刑事部門をはじめ現場で活動する部門は、言わば「手・足」、悪人を捕まえる「手」、追っかける「足」です。それを動かし、全力を出させるためには、強靱な心臓が必要です。いわゆるヒト、モノ、カネ、正に「心臓」だと思います。

　また、「兵站」、戦場の後方にあって、軍需品の補給や整備、連絡などに当たる機関です。太平洋戦争では、日本とアメリカの「兵站」の違いが勝敗を分けたとも言われています。

　新しい施策などを考える際、

○　必要な体制は。現状のままで対応できるか

○　資機材は大丈夫か。足りないものはないか

○　そのために必要な経費は。予算要求の必要は

などと、ヒト、モノ、カネに関する配意が必要な場合もあります。これらが欠ければ、せっかくの素晴らしい企画でも、「企画倒れ」「机上の空論」となることもあります。

Hint 27

たった一言で救われる

　東日本大震災に関するテレビ放映を見ていて、涙ながらに「絆」というものを考えさせられました。

　「絆」とは、「断ち切ることができぬ愛情」「離れがたい愛情」（広辞苑）とありますが、私は「ヒトとヒトとの暖かい心のつながり」と理解しています。

　私は、これまでに実に多くの上司、同僚、周りの方々に支えられ、助けてもらったと感謝しています。なかでも、警務課課長補佐時代、なかなか思うように仕事が進まなかったとき、上司から酒飲みに誘ってもらい、掛けてもらった一言、警察庁勤務時代、メールアドレス風に言えば「スランプ、スランプ、ドット落ち込む」状態の時、出向者で作る「福岡県人会」メンバーの警部さん方から「補佐、あんまり考え込んだらいかんですよ」と慰められたことなど、今でもしっかりと覚えています。

　たった一言が　人の心を傷つける
　たった一言が　人の心を暖める
　特に、スランプ状態の同僚への心のこもった一言は、一生その人の心に残ることと思います。

Hint 28

気持ちの切り替え、「まいっか!」

第2章
自らを鍛える
34のヒント

褒められなくてもいい　叱られなければ
叱られてもいい　辞めなければ
辞めてもいい　死ななければ

東京(警察庁出向)での仕事に行き詰まりを感じ、「弱音を吐いてはいけない」と単身赴任という境遇の中、一人悩み悩んでいるとき、帰省の機会があり、女房と子どもの顔を見た瞬間、私の頭に浮かんだ三行句です。

「まあいいか」縮めて「まいっか!」と気持ちを切り換え、長く暗いトンネルから何とか抜け出すことができました。

決して投げやりということではありません。例えば、「起きてしまったことは仕方ない。それはこれでおしまい」「さあ、これからは、次のステージへ」と前向きに再出発する姿勢、気持ちがなければ、凹みは深くなる一方です。

凹んだら、深呼吸、大きく息をはいて大きく吸い込む、気心の知れた同僚への相談など、自分の思いをはき出すことが必要だと思います。

Hint 29

士気高揚の仕掛け人

　高橋克徳ほか『不機嫌な職場』(講談社現代新書)では、いわゆる「ギスギスした」職場の一風景として、

○　「皆のため」と一生懸命頑張ったのに、反応が薄い
○　熱意を込めて書いた提案に返答がない。あるいは冷ややかな反応ばかり返ってくる
○　何回頼んでも、誰もきちんと対応してくれない
○　一方的な指示を出してきて、こちらが対応していないと、キレる
○　イライラした空気が職場に蔓延し、会話がない
○　困っていても、「手伝おうか」の一言がない
○　「おはよう」等の挨拶もなく、皆淡々と仕事を始める

などが挙げられています。

　人生の大半を過ごす職場での時間が、ギスギスしてストレスを感じてしまうものだったら大変な不幸です。成果も上がらないでしょう。

　職場内に問題点があれば、上司に進言・相談、あるいはみんなで話し合うことが大切です。

Hint 30

第2章
自らを鍛える
34のヒント

明るく活力ある職場づくり

「現場は知恵の宝庫」とも言われます。職場には、業務や勤務環境の改善などについてさまざまな意見・要望、アイデアを持った職員がいると思います。組織的な仕組みとして「提案制度」もあります。

しかしながら、幹部（組織）が「意見、要望をどんどん言ってくれ」と言っても、職員の間に「どうせ言っても無駄だ」という雰囲気があれば、職員の声は上がって来ないでしょう。悪い場合、職場内に不満が蔓延・増長するかもしれません。

明るく活力ある職場作りの大前提として、とりわけ、幹部（組織）の前向きな姿勢が求められます。例えば、部下の声にしっかりと耳を傾け、改善策を模索するという姿勢です。もちろん、予算や施設などのハードルや結論を出すにも係レベル、所属レベル、県警レベルというものもあり、即改善とはいかないものもあるでしょう。改善できないものは、その理由を丁寧に説明することが大切です。

自分なりに姿勢を示すこと、これが大切だと思います。

Hint 31 社会人としてのマナー

　仕事で役所や企業などを訪問した際、その応対の仕方に好感を抱いたり、逆に不快感を持ったりといった経験があると思います。街のラーメン屋で、丼のスープの中に親指を入れて出されたときほどの衝撃ではありませんが、「のれん」すなわち所属組織に対する印象にも関わってきます。

　幹部になると、部外(者)との接触の機会も多くなります。アポイントメント、名刺交換、応接室での立ち振る舞い、辞去の仕方など。また、職場では、来訪者に対する受付の応対、案内・先導の仕方、お茶の出し方など。

　私には、他人様に「マナー」を説けるような知識はなく、それが証拠に、机の中には、20年前に買った「マナーブック」(ビジネスマナーをはじめ冠婚葬祭、行儀作法などについて解説されたもの)があります。常識がないと言われないために、開く機会が結構あります。

　社会人としてのマナー(「見られている」「値踏みされている」)、自分自身はもちろん、部下の皆さんに対する指導も大切だと思います。

第2章 自らを鍛える34のヒント

健康維持の鉄則

　私たちの体内を血液が循環しています。血液には、新鮮な酸素を各組織に送り届ける赤血球と体の中に侵入した細菌、ウイルス、有害物などを取り込んで食べてくれる白血球があります。この両者のバランスが健康を維持する一つの要素となっています。

　組織（業務）にとっても健康が何よりです。新鮮な空気、いきいきとした空気を職場に送り込み、健康の害となる老廃物を排出して健康を維持していかなければなりません。

　不健康な職場、例えば、風通しが悪い、非違事案が続くなどという状態でしょう。

　非違事案防止のポイントとして、「兆し」の早期把握があります。「おかしい」と思ったら「早期診断」（声かけ、個人面接）、「早期治療」（指導教養、支援）、そして、「定期健診」（定期監査など）。

　組織（業務）にとっても、職員・家族にとっても健康維持の鉄則です。

　幹部には、「おかしい」と気づく鋭敏な感覚が求められていると思います。健康維持の「名医」を目指してください。

Hint 33

警察の原点を忘れない

「警察改革」の発端となった一連の不祥事の背景として、体面の重視、批判にさらされることへの恐れ、見せかけの威信へのこだわり、やっかいな仕事の前さばきといったことが指摘されています。これらは全て「私」心によるものといえます。

我々は、地域社会の安全・安心の確保のために仕事をしています。例えば、「忙しい」「人がいない」「前例がない」など我々の目線、警察内部の論理で仕事を進めてはいけません。地域社会のために知恵を出し、汗をかくという姿勢を持ち続けていくことです。

我々が貸与されている「警察手帳」と「拳銃」は、国民の負託の象徴です。

犯罪を予防・検挙するための権限の象徴である「警察手帳」、犯罪（人）の制圧、国民の生命・身体などを守るための「拳銃」、この重みを忘れてはいけません。

警察の原点、「国民のため」ということです。

Hint 34

第2章 自らを鍛える34のヒント

「警察改革」の精神を忘れない

　時が経つにつれ、いわゆる「風化」という現象が生じます。しかし、「警察改革」に風化は許されません。むしろ「進化（深化）」させなければならないと思います。

　「警察改革」のきっかけとなった種々の事案の反省教訓を踏まえ、警察は「国民のための警察」、別の言い方をすれば、警察の常識・都合で仕事をしない・進めない、国民の立場に立った仕事を進めていこうと、これまで頑張ってきました。今後も、その熱い思いは持ち続けなければなりません。

　市民からの「信頼」、そのためには、警察のあり方として「正しく、強く、そして思いやり」という姿勢が求められると思います。「正しく」、仕事上はもちろん私生活においても、組織であろうと個人であろうと、そして法的にはもちろん倫理的・道徳的にも正しくなければなりません。何より、我々は不正を正すべき任務を負っているのですから。「強く」、不正に力負けしない力強さを我々は持たなければなりません。捜査力、取締力、執行力、技術力、あるいは、知力・気力・体力、そして説明力です。「思いやり」、市民への思いやりに関して、私はよく相手を自分の奥さんや子どもさんなど自分の家族に置き換えて対応してくださいとお願い

しています。警察には、いろんな方がいろんな思いを持って来られます。「警察として何をすべきか」を真剣に考え、対応する姿勢、特に、ストーカー、ＤＶ事案への対応など、迅速かつ慎重な対応を求められるものもあります。警察として受け入れることのできない内容であれば、きちんとその理由を説明することが大切です。

（平成 24 年 2 月 2 日　宗像警察署長訓示）

第3章

自らを鍛える

16

のヒント
【現場編】

現場は動く　波瀾万丈
新米刑事管理官の備忘録

　警察署の刑事第一課（強行犯）、刑事第二課（知能犯）、刑事第三課（盗犯）、そして刑事第四課（暴力犯）、この4つの課を束ねる刑事管理官。「戦いに勝つは兵の強きにあり、戦いに敗るるは将の弱きにあり」を肝に銘じ、捜査指揮に当たった。

　現場は生き物、絶えず「動く」。この動きに合わせて我々刑事も「動く」。波乱万丈、テレビドラマのような華やかさはなく、地味ではあるが、一つ一つの事件捜査にドラマがある。

　平成15年当時の刑事部屋の光景であるが、今でも通じるヒントがあると思う。

　なお、掲載の事件は、実録を基に一部フィクションを交えている。登場人物などは全て仮名・仮称である。

Hint 01 納得がいく捜査
「マンションからの男性転落死」

第3章
自らを鍛える
16のヒント（現場編）

　午後3時ころ、マンションの住民から「敷地内で男性が倒れている」との119番通報。男性は会社員、山本次郎さん（32歳）と判明したが、頭などを強く打っており、搬送先の病院で死亡。

　通報者は、マンション1階に住む男性（30歳）。本を読んでくつろいでいたところ、ベランダ側の方からサッシ窓を強く閉めるような「ガッシャーン」という音に続き、ドスンという音が。気になり、ベランダから外を見たところ、男性が倒れ「ウーウー」うなっていたという。

　転落箇所直上4階の男性、川上哲司さん（28歳）によれば、午後2時55分ころ、ワンルームの自宅玄関ドアを鍵で開けて中に入ったところ、見知らぬ男性用の革靴が入船状態であったので、泥棒が中にいると思い、室内を点検。ベランダ側アルミサッシが40～50センチ開いていたので、ベランダから下を見たところ、男性が地上に倒れていたという。

1 事件か？
何者かが突き落としたのか？

　転落者の身元は、所持していたシステム手帳内の名刺から、救急隊員が勤務先に架電、勤務先からの連絡を受けて病院に駆け付けた転落者の妻が夫の山本次郎さんと

確認した。さらに、川上さんは、転落者である山本さんと職場の同僚となる花田美絵さんと同居していることが判明した。

しかし、川上さんと花田さんは、転落者である山本さんとプライベートなつきあいもなく、なぜ山本さんが部屋にいたのか全く心当たりがないという。

「転落死と溺死は、よーと気をつけとかんといかんぞ！」とは、刑事なりたての私への当時の部長刑事の言。

事件か？　まず、どこから転落したか。それが特定できれば、次は、なぜ川上さんたちの部屋にいたのか。そして、転落に至った状況……。謎が多いスタート、解明すべき点は多い。

初動の捜査方針として
① 事件性の判断
② 落下した箇所の特定
③ 転落者がマンションにいた理由
を解明すべく、捜査が始まった。

2 川上さん、花田さんのアリバイ捜査！転落時、現場にいたのか？

まず、容疑性が考えられるのは、川上さんと花田さんである。

事案発生時刻ころ、自宅に帰宅した川上さんは「警察

第3章
自らを鍛える
16のヒント（現場編）

署前のスーパーで夕食の買い物をした。レシートでは午後2時39分となっている。その後、マイカーを走らせ、自宅から約300メートル離れた駐車場に車を停め、午後2時55分ころ帰宅した」と供述。

　この帰宅時間が前になるほど、転落者である山本さんとの接触の機会が生じる可能性が高くなり、事件関与性は強くなる。供述だけではダメだ。川上さんの供述の信用性、すなわち、事案発生直前の川上さんの行動を早急に解明することが求められた。気になることは、早期に潰すことが肝心である。

　そこで、

① レシートに刻印された時刻に誤差はないのか
② 川上さん自身が間違いなくスーパーで買い物をしたのか（レシートが第三者のものではないか）
③ 川上さんの帰宅したコースと所要時間

の3点を捜査項目として、スーパーに対する聞き込み、同店の防犯ビデオによる確認、帰宅コースの実況見分を早急に実施することとした。

　翌日、警察署の窓から何気なく外をのぞくと、降りしきる雨の中、スーパーの駐車場で川上さんを伴い、駐車位置の特定などに小走りする強行犯係長、捜査員の姿が目に入った。

　捜査の結果、レシートの刻印時刻には4分の誤差があり、

正確には午後2時43分であること、レジ係が、川上さんをかねてから見知っており、防犯ビデオにも川上さんが同時刻で映っていること、そして、同一時間帯に同一経路で実況見分を行った結果、転落者の発見時刻後に帰宅することが判明した。川上さんが、現場で転落者の山本さんと争う時間はないのである。

一方、花田さんについてもアリバイ捜査を行い、事案発生時間帯はもちろん、昼間、勤務先にずっといたことが証明され、2人が山本さんを突き落とす可能性は否定された。

3 攻めの鑑識活動！
転落箇所は川上さん方のベランダか？侵入目的は？

川上さん方玄関にあった男性用の革靴は、山本さんのものであることを妻が確認し、サッシ窓が開放されていた事実とも相俟って、転落箇所は川上さん方ベランダと推認された。

しかしながら、目撃者もなく、他に転落事実に結びつく証拠がなかなか得られず、「現場にモノを言わせる鑑識活動」の重要性を痛感した。

何か手掛かりはないか。結果的に、室内から転落者である山本さんの指紋などは採取できなかったが、川上さん方ベランダの手すりから、金属によるとみられるわずかな擦過痕とその払拭痕を見つけ、発見された場所などとも合わせ同所からの転落と判断した。

なお、侵入方法、侵入目的については、捜査を尽くすも解明できなかった。

4 事案発覚時の迅速かつ幅広の捜査！納得のいく捜査を

本件については、前述の捜査と司法解剖の結果や転落状況のシミュレーションと転落者発見時の状況等の間に矛盾がないことなどから「事件性なし」と結論付けし、いわゆる代行検視として、原因、動機等不詳のまま、検察庁に関係書類を送付した。

紙面の都合上、捜査全般を記載することはできなかったが、事案認知後、刑事各課を総動員し、現場マンション全世帯に対する聞き込み、転落者の足取り捜査、関係者からの事情聴取や裏付け捜査、周辺住民に対する聞き込み等を行ったことは言うまでもない。

「迅速に、やるべき捜査はやり遂げよう。事案の早期解明！」を合い言葉に、捜査に携わった捜査員のひたむきな熱意が、事案発生から約３カ月後、やるべきことはすべてやったと検察庁送付に漕ぎ着けたものである。

限られた捜査力の中、捜査方針を立て、目的意識を持った捜査活動をいかに迅速かつ効率的に展開するか、捜査幹部としての力量が問われる毎日だ。

Hint 02 捜査員の大量投入
「弁当店に対する持凶器強盗事件」

午前7時50分ころ、弁当を注文した男が調理場に押し入り、ジャンパーの内ポケットから包丁の柄のようなものを見せて「刺すぞ、金を出せ」と従業員2人を脅迫。従業員が、金庫内の現金を渡すと、そのまま逃走。従業員にケガはない。

被疑者は、年齢50歳くらい、身長170センチくらいで鼻の下にひげがあり、黒の野球帽をかぶり、黒色のジャンパー、黒色ズボンを着用。

同店では、昨年にも現金を奪われる強盗事件が起きている。

1 体制の確立！マニュアル通りにはほぼいかない

午前8時04分、110番入電。無線機から持凶器強盗事件発生の指令がけたたましく響く。

「場所は？」「被疑者は？」「被害者にケガは？」矢継ぎ早に状況報告を求める捜査幹部の声。執務時間前ということもあり、刑事各課員は半数程度。

「事件係は残留、管理官直轄」

「(刑事) 一課長以下、強行犯係は全員現場急行、被疑

者の逃走手段・方向、被害状況の把握、現場鑑識」

「(刑事)三課長指揮、三課員は、サウナ、温泉、宿泊施設に対する聞き込み」

「(刑事)四課長指揮、四課員は逃走方向の検索」「(刑事)二課は、令状請求等に備え、特命待機」

各課員に指示できたのは、まず、これだけである。

慌ただしく出て行く捜査員を事件係が把握し、にわか体制表ができる。現場投入捜査員34人。

無線機からは、被疑者の逃走方向、人着等が次々と続報として流れる。「時系列、記録化」「報道連絡のための第一報準備」等々、矢継ぎ早の指示。刑事第二課長がこれに対応。

重要事件発生時の初動捜査体制表はあるものの、事案の内容、捜査員の在署状況等々により、常に臨機応変。捜査員の大量投入をいかに迅速に行うか。関係各課との連携も重要である。

2 報告、連絡！現場からの情報が早く欲しい

在署指揮をしていて、誰もが感じるのは「現場からの情報がもっと早く欲しい」ということだろう。「第一報」「続報」……。当たり前のことではあるが、捜査員の追加投入、必要な手配、報道連絡等々の判断は、現場からの報告に頼らざるを得ないからである。

もとより、現場の捜査指揮官・捜査員がさぼっているわけではない。彼らは、現場で、状況把握、捜査員に対する任務付与等、汗だくになりながら奮闘しているのである。

　そこで、現場の捜査指揮官には、できる限り、いわゆる伝令を付けることの必要性を痛感する。

　また、今春から新通信指令システムが導入されたが、現場映像、周辺地図等現場の情報を警察署に居ながらにしてタイムリーに把握でき、捜査に活用できるシステムのさらなる充実を切に希望する。管内地図はあるものの、市販の地図の貼り合わせで対応しているのが現状なのである。簡単な操作で、パッと活用できる、そんな捜査支援システムが。

3 捜査指揮、報告・連絡、報道連絡！捜査幹部に必要な配意事項

　捜査幹部、特に課長以上の幹部になれば当たり前のことではあるが、常に、

① 　捜査指揮
② 　報告・連絡
③ 　報道連絡への配意

の3点が求められ、敢えて言うなら①は「明確、具体的に」、②は「迅速、タイムリー」に、③は「意識して」ということになろう。本件は、継続捜査中である。

Hint 03 新聞記事の見出しに「決闘」
「実子による父親に対する傷害事件」

第3章
自らを鍛える
16のヒント（現場編）

午後10時ころ、被疑者（22歳）が、飲酒の上、空き地で実父（50歳）と口論となり、実父に対して手拳や足蹴りで暴行を加え、傷害を与えたという事件。

午後11時15分、事件後、治療のため病院に赴いた家族からの届出により認知。翌日午前1時17分、被疑者を傷害罪で緊急逮捕。被害者である実父の職業は自衛官である。

1 朝刊を見て、あ然！

当直事件であったが、新聞記事の見出し「決闘で自衛官ボコボコ」には驚いた。国際貢献のための自衛隊イラク派遣に世間の関心が高まる中、まるで、自衛官が「決闘」をしかけたとも受け取られかねない見出し。自衛官が絡む事件であり、わざとつけたのではと感じざるを得なかった。

2 報道連絡

報道連絡を確認すると事実関係のみであり、被害者の職業は「公務員」とし、「決闘」などというセンセーショナルな表現は無論なく、そのようなやりとりもなかったという。

この報道から2日後、新聞社あてに、被害者から記事に

ついての説明要求があったと聞く。

　被害者の人権保護。これは、捜査に携わる警察にも、そしてマスコミにも共通するものではないか。

3 事件処理

　本件は、上記事情から、被害者感情に苦慮しながらの捜査となったが、被疑者は傷害罪で起訴された。

　被疑者の改心更正とご家族に暖かい団らんが甦る（日の来る）ことを祈って止まない。

Hint 04 現場検索と適正手続
「ストッキング覆面男性の転落死」

第3章 自らを鍛える 16のヒント（現場編）

> 日曜日の午後5時49分ころ、マンション住人から「マンション駐車場で、男性が頭から血を流して倒れている」との110番通報。現場に捜査員が臨場したところ、既に死亡していた。

> 発見者は、マンションに住む小学6年生。サッカーのボールを追っていて、偶然、死体を発見。

> 死者は、ストッキングで覆面をし、靴はなく靴下履きの状態で、身元を証明するものは何ら所持していない。

　初めての単身赴任生活。特に、不便を感じるのが食事。生来の怠け癖が災いし、着任当初の自炊の意気込みも、いつの間にか消え去り、コンビニに入り浸る生活。久しぶりに、妻の手作り、レンジでチンのタッパセットを乗せて、高速道路を官舎に向けて走っている午後7時10分、携帯電話が鳴った。

　当直の刑事課係長からの第一報である。「転落死体の現場にいます。ストッキングで覆面。靴下履きのままで、身元も判明しません」と。

　警察署に到着すると、既に刑事第一課は課長以下召集、現場に。実父自衛官傷害事件処理のため、休日返上の刑事第四課長以下の捜査員が在署していた。

1 身元を割り出せ！現場付近の駐車車両の検索でヒット

　現場の刑事第一課長から電話報告を受けるが、前述した内容から進展なし。身元の割り出しを急ごう。

　現場であるマンションに聞き込みを行うが、あいにく日曜日ということで、36世帯のほとんどが不在という。

　刑事第一課長から「現場周辺の駐車車両の検索に当たる」との報告。「了解！」

　午後9時ころ「現場から約100メートル離れた道路上に、運転席の窓ガラスを開放し、エンジンキー付きの駐車車両を発見」との報告。そして「助手席の上には、死者が着用しているスポーツウェアズボンと同柄の上着、運転席の足下にスエード地の靴1足が認められる」という続報。

　死者の着衣と同柄、死者は靴下履きである。車両の名義人が、暴力団組員、悪野太郎であることが判明したことから、刑事第四課員を増強投入することとした。

　この車両が手掛かりだ！　現場では、立証措置を念頭に、付近のタクシー会社に協力を求め、同社運転手の立ち会いの下、死者の身元を割り出すための応急的車内検索が実施された。

　その結果、助手席上の上着の下にあったセカンドバック内から、福岡一郎(29歳)の運転免許証が発見され、同人は、悪野と親交を有する者であることが判明した。

第3章
自らを鍛える
16のヒント（現場編）

　その後、思わぬ報告が続いた。午後9時25分「セカンドバック内に注射器1本と覚醒剤入りと思われるポリ袋1袋を発見」というものである。

2 禁制品発見時の措置！
違法収集証拠との誹りを受けないために

　「応急的車内検索は中止」「セカンドバックを現状に戻し、許可状の発付を待て！」禁制品の押収手続については、これまで刑事裁判で、一つの争点となってきた。

　まず、車両を差押え、警察署にレッカーで搬送する。警察署で、同車両に対する捜索を実施し、禁制品の差押えを行うとともに車両内の検証を行う。"労を惜しむな"である。方針は決まった。立会人は、運転免許証の福岡の妻だ。捜索と身元確認をリンクさせて行おう。

　裁判所に対する許可状請求と家族に対する連絡を在署中の刑事第四課長以下で進めることとなり、翌日の午前2時過ぎ、許可状請求のため裁判所に向けて走った。

　また、この間、現場では、警察本部鑑識課から派遣された警察犬により、駐車車両からの死者の移動状況を検索させたが、アスファルト路面で、時間が相当経過していたことなどから、車両から約50メートル現場方向に進んだ地点で、検索不能となった。

3 車両の捜索等と身元確認！福岡一郎と確認

　午前3時過ぎ、許可状の発付を受け、福岡の妻を立会人として車両を差押え、警察署に搬送、午前3時57分から捜索差押え、検証を実施するとともに、福岡の妻により死者が夫であることが確認された。

　また、検視の過程で、福岡が女性用の下着を腹部に携帯していたことや女性用の下着を身に付けていることが判明（事後の捜査により、2週間前に発生した別のマンションベランダからの色情盗事件の現場指紋とも一致）。

　マンション全室に対する色情盗被害の聞き込み、侵入形跡の捜査を実施したが、確認に至らず、代行検視として送付準備するとともに、覚醒剤事犯などについては、被疑者死亡で事件送致準備を進めている。

Hint 05 密室性の証明
「死者二人を出すマンション火災」

第3章
自らを鍛える
16のヒント（現場編）

> 午前4時21分ころ、マンション住人から「3階の部屋が赤くなって、煙がもくもくと出ている」との119番通報。

> 現場は、鉄筋コンクリート3階建てのマンション3階の一室。午前7時03分に鎮火し、同室76.35㎡を全焼。室内から同室の住人と見られる男女の遺体が発見された。

　官舎を午前7時に出て、同7時25分ころ出署。さぞや捜査員から「早く来やがって。面倒な奴だ」と思われているだろうが、当直事件の把握、新聞各紙からの情報収集など、執務時間前の1時間は貴重な時間だ。

　当日も、イヤホーンを耳に、ラジオでニュースを聞きながら出勤中。ローカルニュースの最初に「本日早朝、市内で火災。死者は2人」とのアナウンス。

　えーっ！　職場に向かう足取りも早くなる。刑事課の大部屋では、刑事第一課長が、事案の掌握真っ最中であった。

1 現場臨場！　二人のご遺体

　直ちに刑事第一課長と現場臨場。8世帯入居のマンション。最上階の現場は、特有の臭いと余熱が残る中、その一室に男女のご遺体があった。合掌。

2 体制の確立！
誇りと根性、正に浪花節

　ストッキング覆面男性転落事件からわずか2日後。転落死、強盗事件捜査と刑事第一課員の顔にも疲労の色が目立つ。逮捕身柄も各課合計17人。これらの取調べ、実況見分、そして割り当てられた護送……等々。事件処理の優先順位を見定め、現場実況見分班、検視班、聞き込み班、特命班を急きょ編成。

　気合いを入れて"やらないかんことは、やらないかん！"の一念である。心を鬼にして！

3 身元の確認！
特命班、歯形で割り出す

　男女は、居住者であるご夫婦と思われたものの、親族が県内に居住せず、ご遺体の損傷も激しいことから、歯型捜査を実施することとし、特命班として、刑事第二課長以下二課員を投入。かかりつけの二つの歯科医院を割り出し、検視後、それぞれの歯科医により、二人が会社員、久山隆さん（56歳）、飲食店パート従業員、伸子さん（61歳）のご夫婦であることが確認できた。

第3章
自らを鍛える
16のヒント（現場編）

4 7世帯に対する聞き込み！ 不審な物音

　刑事第三課、四課員を中心とした聞き込み班が、被災マンション7世帯全員に聞き込んだところ、一部住人から、午前3時30分ころ、3階の方で、茶碗の割れるような音や人が走り回るような音を聞いたとの情報を入手した。おしどり夫婦として、仲の良さが評判だったという二人に何があったのか。何者かが侵入したのか？

5 密室性の証明！ 鍵を捜せ

　検証許可状の発付を受け、午後2時15分から現場検証が、警察本部鑑識課長以下12人の応援を得て開始された。出火原因はもちろんであるが、第三者の侵入が可能であったのか、部屋の密室性の証明は欠かせない。

　夫婦の部屋は、いわゆる3LDKの間取り。室内へは、玄関か、ベランダに面するサッシ窓からしか入れない。サッシ窓については、現場に先着した消防署員が、全て施錠されていたことを確認。では、玄関は？　火災を聞きつけたマンション管理人が、鍵が掛かっていたのでマスターキーを使って開けたものの、煙が噴き出し、慌てて扉を閉めたことを聞き込み班が確認。

　とりあえずは、密室であったとの証明ができるものの、

玄関の鍵が見当たらない。3年前にピッキング盗対策として鍵を取り替え、管理人から2本が手渡されているという。検証が進む中、室内から鍵が2本発見されないと事件性が高まることにもなる。

　午後3時15分、台所から玄関の鍵1本と倉庫の鍵1本を発見（おそらく、奥さんのものであろう）。鑑識課長のテキパキとした指揮の下、検証を午後5時40分終了した。

　現場では、特段の事件性を疑わせる状況もなく、鍵も見つかったということで、もうここまでで、との安堵感が漂った。しかし、残りの鍵1本が気になる。"気になるなら潰せ！"である。

　翌日午後2時30分から、昨日に引き続き、刑事第一課長以下、疲労困憊の一課員と応援の地域課員により、再度焼失部分以外の実況見分を行い、洗面所付近から男性用腕時計とともに玄関の鍵1本と自家用車のエンジンキーを発見。ねばってよかった！

6 聞き込み情報の洗い！
部屋から女性の悲鳴が

　新聞配達の木原明さん（62歳）が、当日、火災を発見し、消防署員が到着するころ、火元の部屋から「助けて」という女性の声を聞いたとの情報が寄せられた。その時刻までご夫人が生存していたのか？　「助けて」の意味は？

第3章
自らを鍛える
16のヒント（現場編）

　情報の信憑性を確認するために、発生から3日目の午前10時から、木原さんが聞いたという状況を実況見分。特に、久山さん宅の部屋の窓を締め切った状態（前述の消防署員の供述）で悲鳴を発したところ、男性の証言のようには聞こえないことが判明。

　その後、さらに、マンションの住人に対する再聞き込みを実施。火災発生時、マンションに住む16歳の女性が、避難する途中、部屋に残してきたウサギのことが気になり、マンション1階の駐輪場付近で「ピョン太君を助けてー、助けてー」と叫んで泣きじゃくっていたことが判明。悲鳴情報は、これで解決を見た。

　その他の捜査からも事件性はないと判断したが、ご遺体に手を合わせ、真相究明に向け、泥まみれになりながら、現場の掘り起こしをする捜査員の姿は、天国に召されたご夫婦の目にも届いたことであろう。お二人のご冥福をお祈りする。合掌。

Hint 06 捜査方針の早期決定と科学捜査
「実母に対する傷害事件」

午後 11 時 36 分ころ、病院の医師から「傷の状況が不自然な老女が収容され、既に死亡している」との通報。

状況は、午後 10 時 39 分ころ、手嶋ルリ子（54 歳）から「母の意識がありません。昨日、風呂場で転びました」との 119 番通報があり、救急隊により午後 10 時 56 分、病院に搬送されたものであった。

死者はルリ子の実母、田所ハツさん（80 歳）で、頭部及び顔面に傷があり、右足に火傷などが認められた。

伯父が亡くなり、その通夜に土曜日の夜参列し、帰宅。当直主任に電話を入れ、管内の様子を確認すると「平穏ですよ」との回答。ちょっとゆっくりするか、と久方ぶりの自宅宿泊を決め、妻が冷やしてくれていた缶ビールをグイと飲み干した。

日付が変わってすぐの日曜日、午前 0 時 20 分、枕元の携帯電話が鳴り、起こされた。当直の刑事課係長からの一報である。「変死体の通報を受けた病院からです。ご遺体の傷から、事件性も考えられます」。

すっ飛んで、警察署に帰らなければ！ 「酒気帯び運転」「懲戒処分の指針」が脳裏に浮かぶ。マイカーは、駄目だ！

第3章
自らを鍛える
16のヒント（現場編）

　タクシーを呼び、40分余りで警察署に到着。車中、タクシーメーターの上がりようが、正直恨めしく思えた。酒を飲んだ私が悪いんですが……！

1 検視とＡ女の事情聴取！ 老女が転んでできた傷？

　警察本部捜査第一課検視係の臨場を求め、検視が進められた。ご遺体には、確かに傷が……。

　ルリ子は、高齢の実母ハツさんを自分の住むアパートに引き取り、面倒をみてきたといい、外傷は、ハツさんが、高齢で歩行困難となり、転んだ際にできたものであると供述している。

　何かおかしい！　司法解剖、そしてルリ子とハツさんが住んでいたアパートの検証が必要だ。

　未明までに許可状請求準備が整い、裁判所へ。ルリ子からの応急的事情聴取も終了し、実弟の家に宿泊させることとした。

　午前7時、刑事第一課全員の召集を指示。「久しぶりに、明日の日曜日、息子とキャッチボールします」。昨日朝、当直明けで帰った捜査員の顔が浮かぶ……。

　警察本部捜査第一課検視係、同鑑識課の応援を得て、司法解剖と自宅の検証を、そして、アパートの住人5世帯に対する聞き込みを実施することとした。

2 司法解剖！ 死因不詳

　午前10時から開始された司法解剖は、検察官立ち会いの下、3時間余りに及んだが、死因、自他殺の別も不詳であり、外傷と死亡との因果関係は、直ちには言えないというものであった。現場そして捜査から、事案解明の資料を引き出さなければならない。

3 自宅の検証！ 血痕付着物の押収

　午後1時30分から検証を開始。立会人については、捜査の進展により、ルリ子を急きょ取り調べる必要性も考慮し、ルリ子とその妹の二人を立ち会わせることとした。

　約20㎡のいわゆるワンルーム形式の部屋であったが、5時間30分にわたる検証の結果、室内に血痕様のものを発見するとともに凶器と思われるもの数点を押収した。

4 ルリ子の取調べ！ 頭の傷について一部自供

　司法解剖、検証結果を踏まえ、ルリ子を傷害の被疑者として取り調べたところ、5日前ころ、自宅で、ハツさんの頭を凶器で殴りケガをさせた、と一部自供するに至り、翌日の取調べでは、頭部のほかの外傷については、日時は思い出せないものの、その他の凶器で殴打した、との供述

第3章
自らを鍛える
16のヒント（現場編）

を得た。

ルリ子の供述の信用性を判断するため、直ちに、検証時に押収した凶器と思われるものと外傷について、専門医の意見を求めたところ、矛盾はないとの回答を得た。

また、当初から、ルリ子の動静には細心の注意を払っていたが、犯行を認めた後は、動揺も見られたことから、ルリ子の自殺等不測の事態の発生も懸念された。

5 捜査方針の樹立！　検察庁との協議

前述の捜査結果を踏まえ、検察庁と今後の捜査方針を協議し、傷害致死罪を視野に、ルリ子が供述する5日前ころの暴行による傷害罪で通常逮捕するとの方針を決定。翌日のハツさんの葬儀を終えたルリ子に出頭を求め、傷害罪に関する取調べの後、逮捕状を請求することとした。

6 通常逮捕！　高齢化社会の喘ぎ

方針どおり、葬儀を終えたルリ子に出頭を求め、逮捕状を請求、午後8時11分、ルリ子を実母である田所ハツさんに対する傷害罪で逮捕した。

ルリ子の「もう母は亡くなってしまい、謝りようがないが、母に対して、申し訳ない気持ちで一杯です」との言葉は、高齢化社会の喘ぎのひとつにも聞こえた。

7 科学捜査！
二人が同じ血液型　ＤＮＡ型鑑定

　本件は、密室で行われた犯罪である。実母は亡くなり、ルリ子が否認すれば、事件が崩れる。

　検察庁との緊密な連携は言うまでもないが、解剖医との連携、現場資料から犯罪を推定する科学捜査を警察本部鑑識課、科学捜査研究所の支援・指導をもらいながら地道に進めた。現場に残された血液型はＡ型。ハツさん、ルリ子ともに同型である。ルリ子が「私の血液です」と言えば、反証はなかなか難しい。身体検査令状、鑑定処分許可状を請求の上、ルリ子の血液を採血し、捜査本部設置事件ではないが、科学捜査研究所に二人のＤＮＡ型鑑定まで無理にお願いした。

　緻密な捜査が求められる中、科学捜査の要請は、ますます高まっている。

　ルリ子は、傷害罪で起訴となったが、科学捜査の重要性を改めて認識させられた密室での事件であった。

Hint 07 関係機関への手配
「ホテルにおける女性監禁事件」

第3章
自らを鍛える
16のヒント（現場編）

　祝日の午後0時05分ころ、宮田まり子さんから110番通報。「職場の同僚、大川幸子さん（35歳）が、男の人に連れて行かれている」との内容。状況は、次のとおり。

▽　大川幸子さんが出勤予定の午前10時ころ、大川さんから「久留米デパートの前で捕まった」と宮田さんの携帯電話に。宮田さんが直ぐに同所に駆け付けるが、大川さんの姿はなく宮田さんが大川さんの携帯電話に架電すると、数十回の呼び出し音の後、男が出て、彼女を休ませる旨答えて切断。

▽　午前10時10分ころ、職場の上司である博多優作さんが、携帯電話で大川さんに話しかけたが、大川さんが無言でいるので「男がいるのか」と聞くと「はい」との返答。男に代わらせ「急に休まれては困る」と言うと男は「今日だけは勘弁してください」と答えて切断。

▽　博多優作さんに大川さんから電話が入り「大丈夫」と答え、場所を尋ねるも「大丈夫」を繰り返すのみ。男に替わらせ「常識ある行動をせんか」と言うと、男は黙り込むので「警察に通報する」と言ったところ、「どこの警察」と言って切断。

　午後0時10分、大川さんと一緒にいると思われる男から、当署あてに電話で「大川さんの捜索願が出ていますか。大丈夫ですから」と一方的に言って切断。

1 男の特定！ 大川さんのみぞ知る

　大川さんの勤務先に捜査員を派遣し事情聴取するが、大川さんと行動を共にしていると思われる男が判明しない。「年齢40〜50歳。宮崎県に住む運送会社社長の井上（姓のみ）ではないか」との話が複数出るものの明確な人物像は浮上しない。大川さんの行き付けの飲食店を割り出し、聞き込むも具体的な話は出ない。

　その間、宮田さんに協力を求め、大川さんの携帯電話を呼び続けてもらったが「電波が届かない所か、電源が切られている…」というアナウンスが流れるだけであった。時間が過ぎて行き、日没を迎えた。何か手立てはないか…？

2 一斉旅舎検！ 宮崎県ナンバーを捜せ

　手をこまねいているわけにはいかない。宮田さんによる大川さんの携帯電話の呼び出しも続く。

　午後6時から、管内のホテルなど65カ所に対する立ち寄り捜査、旅舎検を実施することとした。少ない情報ではあるが、宮崎県、井上姓にかけてみよう！　宮崎県ナンバー、井上から何らかの手掛かりを掴めるかもしれない。

　別事件の捜査のため、休日出勤していた刑事第四課長以下14人を急きょ体制に編入することとした。

第3章
自らを鍛える
16のヒント（現場編）

　旅舎検の結果は、直ちに警察署に報告させ、在署の捜査員がチェックするが、「これは！」といった情報の入手には至らない。

3 タクシー手配の実施！

　午後7時ころ、刑事課の大部屋で思案に暮れる私の耳に「タクシー手配はしとったかね…？」「タクシーが何か見ているかもしれんし、乗せとるかもしれん」という強行犯係長の声。あっ、タクシー手配を忘れていた！　網にかかるかも、直ちに管内各社に手配を行った。

4 有力情報！
「手配の男女を乗せました」

　午後8時50分ころ、制服姿のタクシー運転手、善野良太さん（56歳）が刑事課を訪れた。「手配を聞きました。午前10時ころ、久留米デパート前からカップルを市内のホテルまで乗せました。何か、おかしな雰囲気でしたが、車中、男の人が、携帯電話で博多さんという人と話していました」という。時間的、場所的にも一致、そして何より博多さんとは、大川さんの上司、博多優作さんの名前なのである。「闇夜の提灯」とは、こんなときに使う言葉だろう。

5 突破口！ 大川さんはいた

すぐさま捜査員をホテルに派遣し、入室状況を確認。午前10時13分入室の客がまだ在室していた。おそらく同室にいるのは大川さんだろう。しかし、確証はない。確認の方法は？

現場から、フロント付近に防犯ビデオが設置されているとの報告。解析の結果、同時刻ころの入室状況が記録されていた。大川さんの妹を至急ホテルに向かわせ、ビデオを確認させたところ、午後9時28分「姉に間違いありません」との申し立て。大川さんはホテルにいる。

6 突入！ 部屋から電話が

改めて捜査方針を確認した。監禁事件か、単なる男女の痴話喧嘩なのか判断できない。事件でないかもしれない。署長も含め検討を行ったが、とにかく内部の状況が欲しい。状況把握作業とともにホテル管理者に対する協力要請も行った。渋る経営者…。過去、警察に協力したため、後日、痛い目にあったという。「人命がかかっている！」刑事第一課長が、経営者を懸命に説得。

その矢先、午後11時07分、ホテル班長として投入した刑事第四課長から「部屋からフロントに電話が鳴るも、

> 第3章
> 自らを鍛える
> 16のヒント（現場編）

直ぐに切れた」「フロントが、部屋に確認の電話を入れると『電話してない』との男の声。背後で女性のくぐもった声」「部屋の中は緊迫している」と事態が切迫との報告。

　午後11時13分、"人命第一！"署長が「突入」を指示。同14分、応援に駆け付けた機動捜査隊員が突入。

　同18分、刑事第四課長から「救急車を現場に！」と慌てた様子の報告。しまった、けが人が出たか！？

　同20分、刑事第四課長から「被害者が極度の興奮状態（過呼吸）であるも負傷者なし。男を午後11時15分、監禁罪で現行犯逮捕。今から、引致。救急車到着後、被害者を病院に搬送予定。女性警察官の派遣を」との続報。正直、ホッとした。長い長い、本当に長い1日であった。

※　割愛したが、突入に当たっては、警察本部捜査第一課の応援も求めていた。

　本件被疑者は、広島県在住のトラック運転手、渋野柿一（48歳）で、大川さんにつきまとい的行為を繰り返していたもので、監禁罪で起訴された。また、事件解決の功労者であるタクシー運転手、善野さんに対しては、署長から「感謝状」が贈呈された。

　本件は、A（当たり前のことを）B（ぼーっとしないで）C（ちゃんとやる）ことの大切さを痛感させてくれた。また、当初、事案内容の把握ができなかったが、これを「事件」としてとらえ、所要の捜査を展開したことが、解決に結びついたと言える。

Hint 08 事件のまとめ
「現場設定を伴う男性監禁事件」

月曜日の午後0時12分ころ、刑事第一課に、福岡市居住の糸島和子さんから「友人の香川進さんが監禁されているようだ。『逃げられない。午後2時までに85万円を振り込んでくれ。振込先は福北銀行天神支店（口座を指定）。今、久留米市内のコンビニ駐車場にいる』と携帯電話から連絡があり、背後で、男の脅すような声が聞こえていた。」「香川さんの使用車両は、熊本300い・110」との通報。

香川さんと糸島さんは、いわゆるメル友である。

一昨日と前日の土日の当直は多忙を極めたようだ。指名手配被疑者の逮捕、事務所荒らし事件被疑者の緊急逮捕、銃刀法違反被疑者の現行犯逮捕、火災等いろいろあったが、それぞれ6人の刑事当直員によりテキパキと事件処理がなされていた。

現在、刑事各課の逮捕身柄は26人。うち他の警察署に委託留置している身柄が8人。他署に委託留置している身柄の取調べなどで刑事課の大部屋も、刑事第一課長と刑事第三課長、それに捜査員が数人である。重要事件が発生したら、どれだけの捜査員が直ちに集められるか？ 各課の事件処理状況を確認しながら、とりあえずのメンバーをこっそり（捜査員に知られたら「縁起でもない」と叱ら

第3章
自らを鍛える
16のヒント（現場編）

れそう！）と事件係長に付け出してもらう日々・・・。

1 事案の把握！ 何が何だか分からない

　香川さんについては、大牟田市内居住の自称不動産経営者（28歳）と判明したことから、大牟田警察署に居住確認を依頼した結果、住居地は倉庫になっているとのこと。香川進さんは、何者なのか？

　午後3時過ぎ、今度は、別の女性、戸畑亜紀さんの携帯電話に香川さんから「会社設立用の通帳を以前会ったことのある女性に渡してくれ。女性は、ホンダのアコードに乗って高速道路の若宮インターに来る」。さらに、午後3時40分ころ、糸島さんの携帯電話に香川さんから「俺の金が入る。高速に乗り、若宮インターで降りてくれ。女性が通帳を持ってくるので、それを受け取り、再度、高速に乗り、古賀インターで降りて、現金を降ろし、都市高速で天神方向に走ってくれ」と連絡が入ったとの続報が。（首をひねり）「何のことか全く分からない」私を含めた捜査員の感想である。

　しかし、事実関係が分からない段階では、判断できない。判断のためには、戸畑さんからの事情聴取か。

2 戸畑さんからの事情聴取！
続く香川進さんからの電話

機動捜査隊に応援要請をし、午後4時42分、高速若宮インターで戸畑さんを発見。宮若警察署に同行を求め、事情聴取をした。

　戸畑さんによると、昨年夏ころ、香川さんと知り合い、一緒に会社を設立しようということで、戸畑さん名義の銀行口座を開設したという。午後3時過ぎに香川さんからメールが入り「通帳を高速若宮インターに持ってきてくれ」とのこと。「何に使うのか」とメールで尋ねたが「事情があって言えない」と返事がきたという。事情？　うーん、分からない！

　午後5時20分、糸島さんに香川さんから「午後6時に高速古賀インターを降りた高川質店に行ってくれ。そこに女性が金を持ってくる」との電話。

　午後7時20分、さらに糸島さんに香川さんから「金の工面をしている女性から金の準備ができた時点で、俺に電話が入る。その時点で電話を入れるので、女性から現金を受け取って、高速久留米インターまで持ってきて欲しい」との電話。糸島さんによると、やはり背後で男の声が聞こえたという。香川さんが久留米市内にいる可能性は高い。

　この間、最悪事態を想定して、状況の変化を警察本部捜査第一課に報告し、午後8時過ぎ、警察本部捜査第一課特捜班長、機動捜査隊機動捜査班長が応援に駆け付けてくれた。しかし、状況を説明しようにも雲を掴むような

第3章
自らを鍛える
16のヒント（現場編）

状況下、歯切れの良い説明ができない…。

とりあえず、機動捜査隊の車両1台が高速古賀インター付近に、当署と別の機動捜査隊の車両が高速久留米インターでそれぞれ前進待機することとした。香川さんの車両（熊本300い・110）だけが手掛かりだ。大捜査網が広げられようとしていた。

3 香川さん確保！　コンビニ駐車場

午後9時50分、高速古賀インター付近の高川質店にいる糸島さんの携帯電話に香川さんから「今日は一旦帰れ。明日、昼ころ電話する。そのとき、また、高川質店に来てくれ」との電話。大捜査網も撤収かと思った、その5分後、さらに糸島さんに「今、久留米市内のコンビニにいる」との電話。久留米市内に配備中の機動捜査隊全車両、刑事課の捜査用車両が高速久留米インター付近のコンビニの検索を開始した。

午後10時06分、機動捜査隊の車両から「熊本300い・110発見」の一報。捜査第一課特捜班長の指揮により、コンビニを取り巻く包囲網が。「車両の運転席に男1人が乗り込もうとしている」との続報。捜査第一課特捜班長の「身柄確保」の指示。午後10時20分、男を確保した。香川進さんであった！

香川さんは、応急的な事情聴取に対し「年齢40～50

歳くらいの男から金を要求され、自分の車で連れ回された。コンビニの駐車場で、明日までに金を作れと言われ、車のキーも取り上げられている」と供述。現場には、その男はいなかった。香川さんを警察署に任意同行。

4 香川進は別件恐喝事件の被疑者！「恐喝の被害金を返せ」と被害者の伯父

　香川さんを警察署に任意同行後、コンビニ駐車場で「熊本300い・110」に近付く不審な男を機動捜査隊員が発見し、職務質問。この男は、当該車両のエンジンキーを所持。監禁、恐喝の被疑者か？　刑事課内も、事態の急展開にざわつき、この男も刑事課の取調室に入ることとなった。

　双方の取調官が、慌ただしく取調室を行き来し、ついに事の全容が判明。「香川進が、男の姪である柳川京子さん（24歳）を脅迫し、同女にサラ金から70万円の借金をさせ、これを喝取した。この件を聞き付けた伯父が、本日、香川を呼び出し、香川の車両に乗って返済を迫っていた」というものである。詳細な事情聴取等から、伯父について監禁罪等は成立しないと判断。この一件をどうまとめるか？

　刑事第一課長が指示をした。「香川進を恐喝罪で緊急逮捕する！」

第3章
自らを鍛える
16のヒント（現場編）

5 夜明けの逮捕状発付！

　柳川京子さんに出頭を求め、事情聴取が開始された。被害状況、被害場所の確認、香川に対する面割り等緊急逮捕に向けて、深夜、所要の捜査が続く。事案認知の翌日午前4時28分、恐喝罪で香川を緊急逮捕。午前5時36分、裁判所に逮捕状を請求、午前7時10分、発付された。

　夜が白々と明けようとする中、被害者が一転、被疑者となって初動捜査の幕が下りた。

　本件は、事案認知から、真相が何なのか一向に分からず、いわば、迷走状態の捜査であったが、警察本部の力強い支援をもらって解決できた事件。被疑者は、恐喝罪で起訴された。

Hint 09 素早い立ち上がり
「小学1年生女児略取未遂事件」

午後2時48分、管内の飲食店店員から「小学1年生の女の子が連れ去られようとした。犯人はグリーン色の軽乗用車で『福岡50た・・77』、年齢20〜30歳、身長170センチくらいの男。ベージュ色の帽子にカラフルな服装。店員が声を掛けたら逃走した」との110番通報。

続いて、午後2時54分、女性から「スーパーの駐車場で『福岡50た・・77』に乗った年齢20〜30歳、ベージュ色帽子の男が、小学1年生の女の子を車の助手席に連れ込み、運転席に回り込んだところで、女児が逃げ出し、同女を自宅に送り届けた」という110番通報。

両現場は、約80メートルしか離れていない。

被害者から一転して被疑者となった香川進の未明の逮捕に続き、重要事件の発生。疲れたなどとは言っていられない。

1 容疑車両！「福岡50た・・77」

午後3時02分、「福岡50た・・77」は、福岡市内に住む女性名義であることが判明。管内に足はあるのか？

被疑者に捜査を察知されるかもしれないが、発生直後のことでもあり、刑事第一課長が、所有者の自宅への架電

第3章
自らを鍛える
16のヒント(現場編)

を指示。電話に出た中年女性が「久留米市内の大学に通っている息子(23歳)が使っている」と返答。被疑者浮上である!

2 被疑者の出頭!
おばさんに「女の子を連れてきて」と頼まれた

午後4時00分、車の所有者の自宅を管轄する交番から刑事課に問い合わせの電話。「久留米警察署が、自分のことを調べているみたい。おばさんに女の子を連れてきてと頼まれ、女の子に声を掛けてはいるが……」と男子大学生が交番を訪れているという。被疑者だ! 任意同行だ!(自首には当たらないと判断)

3 任意同行!
犯行使用車両の搬送と犯行時の服装

機動捜査隊に依頼し、被疑者を任意同行してもらうことに。そして、犯行使用車両と犯行時の服装も必要だ。隊員の説得により、自宅に駐車中の「福岡５０た・・７７」を領置、声掛け時の衣服を持たせ、午後6時05分、被疑者が警察署に到着した。

4 緊急逮捕！　未成年者略取未遂

　被疑者取調べ及び現場引き当て、被害者・目撃者による面割り等を実施し、スーパーの駐車場で女の子を助手席に連れ込んだ事件について、未成年者略取未遂罪（被害者は、被疑者の実力支配下に完全にはなかった、と判断）で、被疑者を午後7時18分、緊急逮捕、午後9時50分逮捕状の発付を得た。

5 動機の解明！　自宅に対する捜索

　被疑者の自宅に対する捜索等により、わいせつ目的を立証し、被疑者は、本件について、わいせつ目的略取罪（既遂）で起訴された。また、余罪についても追起訴予定とのことである。

　車両ナンバーが被疑者スピード逮捕の鍵となった。市民を不安に陥れる凶悪犯罪。スピード逮捕は、市民に安心感を与えたと思う。未明の香川進の逮捕で徹夜した強行犯係長は、引き続きの当直勤務。深夜、少年がシンナーを被害者にかけ、火を放ったという殺人未遂事件発生により、二晩続きのオールナイトとなった。

Hint 10 擬律判断
「トイレットペーパー焼毀事件」

第3章
自らを鍛える
16のヒント（現場編）

　午後2時30分ころ、管内のパチンコ店から「個室トイレ内に設置してある灰皿上でトイレットペーパーを燃やした男を店員が捕まえた」との通報。男は常連客（67歳）。昨年末から同様の被害が続き、店ではマークしていたという。

1 現状把握！

　現場は、繁華街の中のパチンコ店。いわゆる洋式トイレの横壁内に設置された灰皿で、タバコとともにトイレットペーパーが燃やされ、灰皿上方の壁5cm × 10cmくらいに煤が付着していた。マークしていた男が、トイレに行ったことから、店員が後を追い、個室内に煙が立ち込めていることを確認、出て来た男を問い詰めたところ、火をつけたことを認めたという。

2 擬律判断！
建造物侵入で現行犯逮捕

　放火か？～壁は、大理石様のもの。焼損しない。毀棄か？～煤は、雑巾ですぐに取り除けた。業務妨害か？～火災報知機の作動もなく、店内にも特段の混乱ははない。

　しかし、被害店舗側は、トイレ内で火を燃やすなどもってのほか、何回も被害に遭っており厳重処罰を訴える！

　「建造物侵入で行こう！」刑事第一課長の判断～"トイ

レは用を足すところ。物を燃やすところではない！"検察庁との緊密な連携の下、被疑者は、威力業務妨害罪で起訴された。

私の指揮官としての心がけ

軸
1. 不易流行
2. 選択と集中、機敏に
3. 攻めて守る

戒
1. 実力の差は 努力の差
   実績の差は 責任感の差
   人物の差は 苦労の差
2. 気づき 考え 行動する
3. 私心の排除

情
1. 熱意、創意、誠意
2. 難局での力強く
   分かりやすいメッセージ
3. 正しく強く思いやりを
   そして「前」へ

Hint 11 踊らされた大捜査線
「ひったくり110番」

第3章
自らを鍛える
16のヒント（現場編）

日曜日の夜明け前、「午前5時30分ころ、歩いて帰宅中、ひったくりに遭い、その際、殴られケガをした。今から警察署に向かう」と春日陽子（23歳）からの110番通報。

被疑者は、年齢20歳代後半、身長170センチくらい、短髪、中肉、黒色上衣、Gパン着用。

被害品は、現金2万円、携帯電話機が入った黒色ビニールバック。

日曜日の午前7時ころ、当直事件の報告を受けようと出署したところ、当直捜査員が慌ただしく動いていた。「ひったくりがありました。被害者は、顔を殴られています。今から、事情を聴きます」「110番通報直後、被害者の母親の携帯電話に（被害品である）彼女の携帯電話から、男の声で『携帯電話を返したい』との連絡が入っているようです。母親からも事情を聴きます」との報告。

1 事情聴取！ 被害者、春日陽子

被害者である飲食店従業員、春日陽子は「午前5時30分ころ、仕事を終えて歩いて帰宅していたところ、後ろか

ら追い越しざまに見知らぬ男からバックをひったくられそうになった。バックを離さないでいると、男から顔を3回立て続けに殴られ、放心状態となり、男はバックを奪って走って逃げて行った」旨供述し、現場確認の結果、市内の薬局店前路上を指示した。

2 被害品返還の現場設定！本日午後0時

母親によると、被害者である娘の春日陽子が帰宅して（前述の）ひったくり被害を話したことから、娘に110番通報させた直後、自分の携帯電話に娘の携帯電話（画面表示で確認）から男の声で電話が入ったという。

内容は、娘の陽子の帰宅事実の確認と「陽子ともめた」ことから陽子の携帯電話を預かっているということ、携帯電話を返すということで、本日午後0時に元町スーパーで母親が男と会う約束をした、ということであった。

3 体制の確立！あらゆる展開に備えて

概要の報告を受け「うーん、ひったくりの犯人が、被害品を返すか？　のこのこ出て来るか？」と何か腑に落ちない。正直、疑ってかかった。しかし、陽子や母親が嘘を言っているとの確証もない。どのような展開になるかも分から

第3章
自らを鍛える
16のヒント（現場編）

ない。現場で身柄を確保する体制を整えよう！　刑事第一、第三両課長をはじめ捜査員を召集し、所要の体制を確立することとした。

4 続報なし！
午後０時まで音沙汰なし

　母親の携帯電話には、以後、男からの架電はなかった…。一方、刑事課の大部屋には、ホワイトボードが準備され、事件概要と元町スーパー付近の地図と店内見取図が掲示された。

　刑事第一課長の下に、母親の直近班（女性警察官）、スーパー店内班、刑事第三課長の下に、スーパー外張り班、外周班、遊撃班を編制。総勢32人。両課長が、現場の実地踏査を行い、その結果を踏まえて、配置箇所・要領等を各班員に指示。母親には、刑事第一課長が具体的な指導を行った。

5 指示・連絡体制！
各班と１対１対応の携帯電話

　急なことであり、秘匿マイク、秘匿無線機等の手配が間に合わない。"携帯電話を使おう！"

　事件を聞き付けた非番の新任警察官７人が、捜査に加わりたいと刑事課の大部屋に駆け付けてくれた。ありがた

い！　7機の携帯電話を一人一人に手渡し、各班への指示・命令の伝達、現場からの報告を受けさせることとした。

このときまでに、署長、副署長も刑事課大部屋に陣取り、正に臨戦態勢が整った。午前11時30分、各班現場配置完了。

6 男確保！

午前11時46分、店内班長から「店内北側出入口に、年齢30歳前後、中肉、短髪、黒色上衣、Gパン着用の男。ベンチに座っている」との報告。──被疑者の人着に酷似！

各班に情報連絡。

午後0時03分、直近班から「母親が携帯電話を耳に当てているとの報告。──店内班に先ほどの男の動静監視を指示。即時、店内班から「男も携帯電話を耳に当てている」との報告。

午後0時05分、店内班から「男が移動を開始。バック所持」との報告。

午後0時07分、刑事第一課長から「男を確保。任意同行開始」との報告。被害品のバックであるという。男が網に引っかかった！

第3章
自らを鍛える
16のヒント（現場編）

7 事実！ 春日陽子の狂言か？

任意同行された飯塚炭男（33歳）について、陽子に面割りさせたところ、間違いないという。

被害品の所持、被害者による犯人に間違いないとの供述。あとは、男の自供と現場引き当てで緊急逮捕だ！

しかし、1時間後、飯塚の取調官からその勢いを打ち消す報告が届いた。「事実が違います。陽子と飯塚は知り合いです。カラオケで些細なことから喧嘩となり、飯塚が陽子を殴っています。その後、二人はホテルにも行っています……」

何一っ！陽子に再聴取するも、ひったくり事実を変えない。

8 裏付捜査！ 男の供述の洗い

直ぐに飯塚の供述の裏をとることとなった。カラオケボックス、ホテル。その結果、飯塚の供述の信用性が裏付けられた。

これを突きつけられた陽子は、一転、虚偽申告であったことを認めた。男女関係のもめ事に端を発する傷害事件であった。──そういえば、飯塚が、母親への電話で「陽子ともめた」と言っていたなあ…。

春日陽子に踊らされた大捜査線であった！

Hint 12 迅速な手配
「園芸店における強盗致傷事件」

午後2時50分ころ、郊外型園芸店で、寄せ植え1点（3,500円相当）を女性が万引き。車で逃走を図ったため、店長（32歳）が立ちふさがったところ、同人をボンネット上に転倒させ、しがみつく同人を乗せたまま約20メートル走って振り落とし、ケガを負わせて逃走。

2日前の土曜日には、建造物侵入で男（71歳）を緊急逮捕。上着に文化包丁を隠し持ち「市長に会わせろ」などと言いながら、市役所2階のロビーに侵入した事案。「市長を殺すつもりで来た」との供述から、あわや要人テロかと思われたが、言動が意味不明で2日間の取調べでも思想的背景や組織性は認められない。しかし、事件発生直前まで、市長は、市役所2階ホールで催された美術展表彰式に出席していたこともあり、動機、計画性などの解明を急ぐこととし、新検送致を終えたばかりのところであった。

1 110番入電！

午後2時56分「万引き。筑後園芸店で40〜50歳代の女性。植木鉢などを盗み、筑後川方面に逃走」との110番指令、管轄交番員が現場直行。5分後の午後3時01分、同じ園芸店から「車対歩行者の人身交通事故」と

第3章
自らを鍛える
16のヒント（現場編）

の110番指令。万引犯人が、逃走する際、店長を跳ねた事件であることが判明。強行犯係、盗犯係そして交通捜査係の三係が現場に臨場することとなった。

2 逃走車両！フォルクスワーゲン・ニュービートル

現場からの報告によると、店長は、幸い軽傷とのこと。治療を終えた店長は「万引きされた寄せ植えを取り戻すため、犯人が乗り込んだ車の前に立ちはだかったところ、犯人がそのまま車を発進させ、ボンネット上に腹ばいとなった」「振り落とされないように車のワイパーを掴んだが、左折の際に振り落とされ、ケガをした」と供述。掴んでいたワイパーは折れて、現場に遺留されていることが分かった。強盗致傷事件である。

また、他の店員の目撃証言から、逃走車両は「フォルクスワーゲン・ニュービートル、黒色、一連番号2090」と判明。

3 車両捜査！ワイパーが折れたワーゲンを追え

被疑者は、市内に土地勘があると見て、管内ナンバーと隣接する県外ナンバーの2090を洗うが、ワーゲンに該当するものがない。「ナンバーの見間違えか？」「新車登録で、まだ入力されていないのか？」等々諸説飛び交うが、被疑

者に行き着かない。

4 代理店手配！ワイパー注文の架電

　手をこまねいていても埒はあかない。捜査員の一人が「被疑者は、必ずワイパーを調達するのでは？　新型のワーゲンだし、代理店に行くと思います」と。よし、代理店手配だ！　一斉に電話の受話器を上げる。

　午後6時35分、刑事課の電話が鳴った。某自動車ディーラーからである。5分ほど前、女性の声で「駐車場でいたずらされた。ワイパーを1本変えてもらいたい」との電話が入り、入荷予定日確認のため、再度、相手方から電話がかかってくることになっているという。被疑者だ！

　午後6時40分、再度、ディーラーに女性から電話が入り、同女の使用車両ナンバーが「久留米302の2000」であること及び自宅の電話番号が判明した。

5 被疑者確保！　一気呵成

　電話帳から、女性は、警察署から車で約40分ほど離れた管外に居住していることが分かった。

　強行犯係は令状請求準備。盗犯係を急きょ、女性宅に向かわせた。一気呵成である！

第3章
自らを鍛える
16のヒント(現場編)

　女性宅に到着した盗犯係長から「自宅のガレージにワイパーの折れた黒色のフォルクスワーゲンが停まっている」との報告。刑事第一課長が直当たりを指示。

　しばらくして、盗犯係長から「女性は、自営業を営む男性の妻、沼田礼子（59歳）。寄せ植えを万引きし、捕まりたくなかったので逃げた。『盗んだ品物はこれです』と、玄関先の壁に掛かった寄せ植えを示した」という。

　午後8時45分、任意同行を求め、午後9時35分、警察署に到着。被害者による面割り、被害品の確認等を行った後、午後10時30分、緊急逮捕。翌日の午前0時36分、逮捕状が発付された。

　沼田礼子は、「捕まりたくない一心で逃げました」「被害者を車から振り落とし、ケガをさせたと思いましたが逃げました」と、うつむき加減に話し、冷たい留置場に入っていった。

6 天罰！

　殺人未遂罪の立件も視野に捜査を進め、沼田は、結局、強盗致傷罪で起訴された。寄せ植え1鉢3,500円……。重い代償である。天罰！

Hint 13　本部関係各課の支援
「自衛隊駐屯地内における自衛官殺人等事件」

　午後5時40分ころ、陸上自衛隊駐屯地の東門から、男が運転する軽乗用車が、立番中の隊員の制止を振り切って侵入。約10分間、同敷地内を走り回り、隊員3人を次々と跳ねた。

　男は、帰宅中の隊員、東正男さん（49歳）を跳ねた後、隊内の道路脇で測量器を扱っていた隊員、西川秀夫さん（24歳）を跳ね、続いて、東門に戻り、前方に立ちはだかった隊員、北川幸一さん（25歳）を跳ね逃走、同隊の車両が軽乗用車の進路を塞いで、男を取り押さえた。

　東さんは、頭などを打ちまもなく死亡。西川さんと北川さんは軽傷を負った。

1 序章！

　勤務時間終了を待って、青年警察官との対話促進のためのフラタニティー（fraternity：兄弟愛、同胞愛）システム対面式に出席することとなっていた。刑事当直の責任者（暴力犯係長）が、捜査員とともに出動しようとしていた。クリーニング店内で男が暴れた器物毀棄事案という。「心配しないでいいですよ」。そんな気遣いの微笑みであったが、直後、その状況は急変する。

第3章
自らを鍛える
16のヒント（現場編）

　会議室で若手警察官と談笑を始めたばかりの午後6時00分ころ、強行犯係の部長刑事が慌てた様子で「管理官、自衛隊駐屯地内で3人の隊員が跳ねられたみたいです」と耳打ちしてきた。部長刑事に「交通事故だろう？」と尋ねると「いいえ、故意に次々と跳ねていったようです」との返答。「何ーっ！」、会場内の署長に報告し、現場へすっ飛んだ。

2 現場臨場！「にも拘わらず笑う」

　刑事課の大部屋では、刑事第一課長が、別事件の捜査指揮の真っ最中であった。帰署したばかりの刑事第四課長に「詳細不明だけど、大事件かも知れない。本件の在署指揮を執るように」と言い残し、刑事課員を伴い現場に急行することとした。

　車載無線機からは「被疑者は、午後5時50分、駐屯地内の隊内食堂前で身柄確保。クリーニング店の器物毀棄被疑者と同一人物の模様。跳ねられた隊員は、市内の病院に搬送されるが、うち1名は、意識不明の重体……」と、次々に情報が流れる。

　何があったのか？　自衛隊の施設内での事件。事件処理は自衛隊か、警察か？　指揮官のオタオタした姿は見せられない。「にも拘わらず笑う」、刑事部長の教えが脳裏をよぎった。

3 捜査権！ 警察が捜査

 午後6時30分、隊内食堂前は騒然とし、自衛隊員や制服警察官で30人くらいの人だかりであった。自衛隊のジープと軽乗用車が対面する形で衝突している。パトカー内に確保されていた被疑者は、極度の興奮状態。とても犯行状況等の聴取ができる状態ではなかったが、所持していた免許証から、隣町の無職M男（28歳）であることが確認された。

 正直言って、うろ覚えの「警察と自衛隊との犯罪捜査に関する協定」を頭の中に浮かべ、無線で傍受した市内のクリーニング店での器物毀棄事件からの連続性、すなわち「駐屯地外から駐屯地内に及んだ犯罪」及び「被疑者が自衛官でない」という状況から、本件は警察が処理すべき事案と判断。署長の指揮を受け、現場の自衛隊警務隊派遣隊長とその旨協議し、了解を得た。被疑者の身柄をどうするか。現行犯逮捕とはいうものの逮捕罪名、逮捕事実は？

 被害者は病院に搬送されている。残った自衛隊関係者からの事情聴取などから、事件現場の特定、犯行態様の確認等事件概要を至急把握しなければならない。

 「犯人を逮捕した人、隊員さんが跳ねられるところを見た人、全員ここに集まってください！」と大声を張り上げた。

第3章
自らを鍛える
16のヒント（現場編）

4 事件の把握！　添乗員のごとく

　関係者が集まった。事件現場は3カ所になるという。侵入箇所は東門。この逮捕現場から事件現場まで歩いて行けばかなりの時間がかかるという。それなら、逮捕現場から侵入箇所へと逆の順路をたどろう。旅行会社の添乗員が旗をもって観光客を引き連れる、そんな状況である。しかし、うまく進まない。ビデオ映像の逆回しを目論んだが、説明する隊員たちが戸惑っている。たまりかねた強行犯係長が、侵入箇所からの再現を耳打ちしてくれる。

　「よっしゃ。しゃーない」、刻一刻と過ぎる時間。目的は迅速な事件の把握、拘りはない！

　警察署の刑事第一、第四課長から報告を求める電話がひっきりなし。その都度「現在、現場移動中。詳細は後刻」と返答。各現場で状況を確認した後は、警察署に逐次報告させるとともに、関係者を隊内の会議室に送り込み、順次、供述調書の作成等を行った。

　現場到着から約2時間、午後8時30分ころ、ようやく北川さんに対する殺人未遂での現行犯逮捕事実を再確認したのをはじめ、事件の全容をほぼ把握。

　引致された被疑者は、頭を押さえながら「イライラしていたから…」と弁解しているという。午後7時21分、東さんが収容先の病院で脳挫傷により亡くなったとの報告を受けた。

　駐屯地内の会議室で捜査事項などの打ち合わせを済ませ、

日付が変わった午前0時過ぎ、帰署すると、刑事課の大部屋に署長、副署長が陣取る中、司法解剖のための許可状請求準備、実況見分の手配等々、刑事課員が慌ただしく動いていた。

5 検察庁との協議！ 短期間での捜査

一睡もできないまま午前9時40分、福岡地方検察庁久留米支部に出向き、支部長と協議を行い、
① 北川さんに対する殺人未遂罪で送致後、東さんに対する殺人罪で再逮捕すること
② 被疑者の供述に頼らない客観的立証に配意すること
③ 鑑定留置の必要があるため、二勾留期間満了前までの13日間で所要の捜査を遂げること
を確認した。

6 限られた捜査期間！ 本部の支援に感謝

被疑者を検察庁に身柄付き送致後、殺人罪で再逮捕した。被疑者は、障害者手帳を持ち、精神疾患で通院中であることが分かった。

警察本部の特別捜査班の応援もない、警察署の体制で行う捜査。検察庁との協議により、極めて限られた捜査期間である。従事する捜査員一人一人が、効率的な捜査を推進する必要がある。事件から3日目の土曜日、朝の捜査会議の冒頭、そのことを捜査員に説明するとともに、

① 殺意を中心とした犯行状況の立証
② 被疑者の精神状態の解明

を大きな柱に、被害者や目撃者などからの事情聴取、実況見分、医療関係捜査過去の就業状況捜査等を行うこととした。

事件から8日目の午前9時30分から、駐屯地内における実況見分を第1、第2、第3現場と設定し、順次行うこととしたが、警察本部から鑑識課長以下15名をはじめ、ステレオカメラ車を伴った交通指導課交通科学鑑識係など、多数の支援をいただいた。現場指揮官として、本当にありがたく感謝の気持ちで一杯であった。

加えて、短期間での捜査を強いられていることを理解していただき、実況見分から5日後には手元に実況見分調書が届くという休日返上の全面的な支援に、本件捜査を見事やり遂げて恩返ししなければと肝に銘じた。

正に、怒濤の15日間であった。総力戦により所要の捜査をなし遂げ、被疑者は、2カ月の期間、医療機関に鑑定留置されることとなった。

7 起訴

鑑定留置を終え、被疑者は、建造物侵入、殺人、傷害罪で起訴された。警察本部関係者の強力なご支援、そして、刑事各課員の奮闘。総力戦によりやり遂げることができた事件である。

Hint 14 素朴な疑問
「実母に対する傷害事件」

　午前1時00分ころ、市内の病院から「傷害事件の被害者と思われる女性が救急車で搬送され、現在、意識不明の重体」との通報。

　刑事当直員が病院に直行したところ、患者に付き添う長男、若松与一（36歳）が「昨日（土曜日）の午後11時30分ころ、自宅で母、ハナ（62歳）と口論となり、カーッとなって母親の顔を数回平手で殴ったところ、母親がおう吐し始め、具合が悪くなったので救急車を呼んだ」旨、暴行の事実を認めた。

　治療中の医師から女性の容体について「外傷性硬膜下血腫、くも膜下出血により意識不明」との説明を受け、若松与一を犯行現場である自宅に案内させ、現場確認後、同所において、午前2時40分、傷害罪で緊急逮捕した。

　日曜日の午前3時27分、枕元の警察電話が鳴った。刑事当直の強行犯係長からである。「傷害の被疑者を緊急逮捕しました。二人暮らしの、被疑者は息子、被害者は母親で、意識不明の状態です」
　直ちに出署し、報告を受けながら素朴な疑問が沸いた。顔面に対する平手打ちで「外傷性硬膜下血腫、くも膜下

出血」という傷害が生じるのだろうか？　経験乏しく、医学的素養もない者の疑問であった。もちろん、逮捕は適切と判断したが、暴行と傷害との因果関係に何か腑に落ちないものを感じた。

1 法医学教室教授との連携！　因果関係

　若松与一に対する取調べから、3日前の木曜日の午後11時ころ、部屋で正座していた母親ハナに対し、その頭部を回し蹴りし、顔面を平手で数回殴打したという暴行の事実が新たに判明したことから、逮捕事実にこの事実も加え、検察庁に身柄付き送致した。

　暴行と傷害との因果関係。分からない者と知らない者とが、いろいろグジャグジャ議論しても前には進まない。専門家の意見が必要ということで、早速、逮捕から3日後、母親の頭部のCT画像を持たせて捜査員を大学の法医学教室の教授の下へ向かわせた。

《被疑者の供述に基づく経過》

　木曜日　午後11時00分ころ
　頭部を回し蹴り、顔面を平手で数回殴打の暴行

　土曜日　午後11時30分ころ

顔面を平手で数回殴打の暴行
　　おう吐し始め、具合が悪くなったので救急車で病院搬送

　　日曜日　午前0時30分ころ
　　CT撮影（外傷性硬膜下血腫、くも膜下出血判明）

　その結果、①内因性は考えられない、②出血の状況からCT撮影前少なくとも2、3時間、長くて6時間の時間経過が必要である、③血腫と出血は同一の機会と認められる、との貴重な意見をいただいた。

　この意見に基づけば、CT撮影が日曜日の午前0時30分であることから、傷害の原因となる暴行は、最長6時間、すなわち、前日の土曜日の午後6時30分以降ということになる。そうなると、今回の傷害の原因は、送致事実である木曜日の回し蹴りなどではない。また、少なくともCT撮影から2、3時間前となると、土曜日午後11時30分ころの平手打ちでもないことになる。

2 暴行事実の解明！　土曜日に何が？

　密室での犯罪。母親は生死の境をさまよっている。取調官に対し、土曜日を重点に若松の行動を詳細に取調べ、母親に対する暴行事実を明らかにするよう指示をした。そ

の結果、何と我々が思いもしなかった事実が報告された。

被疑者、若松の供述では、「犬の首輪を母親の首に巻き付け、鎖で屋外に繋いでいた」「土曜日の夕方、この鎖を5～6回、母親の頭がグラッとするくらい強く引っ張った」というのである。先の法医学教室の教授の意見と時間的に合致する！ ただし、この暴行が原因となり得るのか？ とにかく、秘密の暴露であるこの暴行事実の証拠保全のため、母親に施したという犬の首輪、繋いだ鎖などの物的証拠を至急差し押さえることとした。

捜索の結果、自宅から、ナイロン製の犬用の首輪、約10メートルの鎖、南京錠などを押収し、若松の供述の信憑性を裏付けた。

しかしながら、この日の午後11時00分、母親は治療の甲斐なく帰らぬ人となった。

3 因果関係の証明！科学捜査研究所による応援

翌日、午前10時から母親の司法解剖が行われた。その結果は、①死因たる硬膜下血腫は動脈の破断ではなく、橋静脈の破断によるもの、②破断から意識不明となるまでには数時間の時間経過が必要であり、頭部を激しく震盪したことが考えられる、というものであった。若松が言う鎖を5～6回、母親の頭がグラッとするくらい強く引っ張った

という暴行と矛盾しない！

そこで、若松が鎖を引っ張った際の強度を客観的に立証するため科学捜査研究所にお願いし、デジタルハイスピードメモリーカムを使って、若松に鎖を実際に引っ張らせての最大引張荷重及び所要時間の測定を行った。

4 事件のまとめ！

二勾留目を迎え、事件をまとめる段階に来た。

まず、本件致死の原因となった暴行については、母親の首に施した首輪に繋がる鎖を数回引っ張ったことであると認められた。しかしながら、若松が、この暴行は、土曜日の午後4時ころであると供述したことから、当初の法医学教室教授の同日午後6時30分以降の暴行によるという意見との矛盾が生じた。また、木曜日の母親の頭部に対する回し蹴りについてどうまとめるか。またもや、法医学教室教授の意見を聞くこととした。

その結果、前者については、時間的経過として矛盾はないとの意見、後者については、ご遺体に残っていた左前額部の腫張について、「左前額部打撲により約2週間の加療を要する傷害」との診断結果を得たことから、最終的に傷害致死及び傷害とすることにした。

第3章
自らを鍛える
16のヒント（現場編）

5 起訴！

　若松与一は、ごく普通の会社員。母親の重ねる借金で頭を痛めていた。借金癖を改めさせようとした行為が、今回の結果を招いた。何とも言えない事件であったが、若松は、傷害致死、監禁、傷害で起訴された。

　被告人は、…被告人方北側6畳間において、実母に対し、その頚部に黒色ナイロン製の犬用首輪を取り付けた上、同女を被告人方北側の物置場に連行し、先に同所付近備え付けのプロパンガスボンベ固定用鎖に繋いでいた鎖の一端を上記首輪に繋いで南京錠で施錠し……たものである。

Hint 15 関係機関との連携プレー
「暴力団員による公選法違反事件」

> 参議院議員通常選挙の投票日を1週間後に控えた日曜日、期日前投票所で、暴力団組員、北野三郎（26歳）が、同組員、西野道人（32歳）から指示を受けて、同人になりすまし、投票したとして、両名を公職選挙法違反（詐偽投票）で通常逮捕した。

　選挙戦も白熱し、議席を巡る激しい戦いが繰り広げられていた。当署においても、選挙違反取締本部を設置し、刑事第二課長を中心とした専従捜査チームを編成し、昼夜兼行、違反容疑情報の収集に努めていた。

　日曜日の午後2時過ぎ、刑事第二課長から詐偽投票被疑者を任意同行している、との報告を受けた。現行犯逮捕は、状況的に困難であり、通常逮捕のため令状請求準備にかかるという。

1 署長の予感？　詐偽投票がありそうだ

　当直からの事件・事故処理結果報告、留置場の巡視などと休日でも出署する署長が、刑事第二課の部屋に顔を出した。捜査員を送り出した刑事第二課長に「今日、なんだか詐偽投票があるような予感がするんだけど。その時の対応はどうなっている？」などと確認。課長が、選挙管理委員会との連携の内容、逮捕の際の要領などを説明していた。

第3章
自らを鍛える
16のヒント（現場編）

翌日は、警察本部で選挙関係の署別検討会。発破を掛けられているな！と感じた。

2 選挙管理委員会との連携！迅速な不審情報の提供

昨年行われた衆議院議員選挙の期日前投票において、選挙管理委員会からの不審情報に基づき、詐偽投票被疑者1人を逮捕していたことから、警察に対する信頼感は高まっていた。

午後0時30分ころ、選挙管理委員会職員から刑事第二課長に「投票名義人の生年月日を携帯電話で聞いて投票している不審な人物がいる」との通報がなされた。

すぐさま捜査員を伴い刑事第二課長が、通報があった期日前投票所に直行、関係者から不審人物の人相、特徴等を聴取しながら、職員とともに投票所周辺の検索にかかった。

3 機を失せぬ職務質問！　詐偽投票の自供

検索開始直後、職員が、投票所付近に駐車中の車を指さし「あの車に乗っている男が詐偽投票をしたと思われる人です」と言ったことから、直ちに職務質問を実施。その結果、同人は「友人、西野道人に頼まれて代わりに投票した」とあっさり詐偽投票の事実を認め、自動車運転免許証から北野三郎（26歳）であり、暴力団組員であることが判った。

4 共犯者の出頭！ 車の引き取り

 取調べから、北野が、暴力団組事務所内で組員、西野道人（32歳）から同人の代わりに特定候補者に期日前投票して来るよう指示されたことが判明したことから、北野に対する逮捕状はもちろん、共犯者、西野に対する逮捕状、謀議場所である暴力団組事務所、北野の使用車両の捜索差押許可状など令状請求準備を進めた。

 そのテンヤワンヤしている最中の午後7時ころ、署長から刑事第二課長に電話があった。「今、1階のロビーに西野が来ている。北野が乗ってきた車を引き取りに来た」と言っている、とのことである。すぐさま、捜査員が階下に降りて行き、西野を取調室に同行してきた。

 逮捕状、捜索差押許可状の発付を受け、両名を通常逮捕、関係箇所の捜索を終了したのは、翌日の午前1時過ぎであった。

 なお、北野の使用車両内から、禁制品である薬物が発見されたことから、別に捜索差押許可状を請求し、当該禁制品を差し押さえ、これも立件することとした。

 選挙に関する組織的犯行を視野に捜査を進めたものの、結果としては、北野と西野の共犯事件でまとまった事件であるが、選挙管理委員会との連携と素早い立ち上がりの重要性を改めて思い知らされた事件であった。

Hint 16 目撃者への配慮
「男子小学生連れ去り容疑事案」

第3章
自らを鍛える
16のヒント（現場編）

　小学校が夏休み期間中の午後6時46分ころ、市内の小学校教諭から「午後5時30分ころ、小学生男子（4、5年生くらい）が、軽自動車に乗った男に連れ去られたようだ。小学1年生、畑野剛君（6歳）がその状況を目撃し、剛君の母親から、今、その連絡を受けた」との通報が寄せられた。

　現場は、市内にあるマンション1階のビデオショップ前の路上。剛君は、同マンションの6階に住み、学童保育所から帰宅した際、歩道上に乗り上げて駐車した軽自動車からサングラスをかけた男が降車し、ビデオショップから出て来た男児に声を掛け、車に乗せて立ち去るのを目撃したという。

　この日は、歓楽街の浄化作戦として、刑事課員18人を含む署長以下96人体制で、中夜から未明にかけて、風営適正化法違反による捜索、ファッションヘルス店への立ち入り、客引きに対する取締り、駐車違反取締りなどが予定されていた。
　長丁場に備え、腹ごしらえを終えた刑事課員が三々五々部屋に戻ってきている最中に寄せられた一報であった。署長に報告、浄化作戦に従事する予定であった刑事課員を

急きょ本件の初動捜査に投入することとした。

目撃者である剛君からの事情聴取、被害児童の割り出し、現場周辺の密行検索・聞き込みなどを中心に機動捜査隊の応援も得て、体制を立ち上げた。

1 事情聴取！ マンションの陰から注視

午後7時43分、剛君と接触した捜査員から、容疑事案の男は長袖ポロシャツ、Gパン姿でサングラスをかけていたこと、剛君の母親と同じ型の軽自動車に乗車していたこと、そして、剛君はサングラス姿の男が恐くて、自宅マンション1階の塀の陰から注視していたことがまず報告された。

その後、慎重な事情聴取の結果、車を降りた男とビデオショップから出て来た小学生男児（4、5年生くらい）が、店の前の歩道上でぶつかりそうになり、その後、男が男児に「本を買ってやるよ。何冊がいい？」などと声を掛けた後、男が運転席に乗車、小学生も運転席後方の座席に自ら乗り込んだとの供述を得た。

事件性に疑問も感じられるが、事は児童が対象の事案！被害児童の割り出しを急がねばならない。

2 児童の安否確認！ 先生の緊急呼び出しと電話作戦

被害児童の割り出しのため、発生現場を校区とする小学

第3章
自らを鍛える
16のヒント（現場編）

校に強行犯係長を急派し、その指示の下、男子児童257人の帰宅確認を行わせることとした。校長に先生達の緊急呼び出しを要請。午後7時30分から、男子児童一人一人の自宅に対し、先生達が電話のボタンを押し始めた。

　午後9時43分、243人。午後10時15分、257人全員の無事とビデオショップ前で車に乗った児童がいないことが確認された。夏休み中ではあったが、翌日の出校日を控え、全員が在宅していたことが幸いした。この小学校の児童ではない！

3 ビデオショップ利用客に対する聞き込み！

　本件発生時間帯のビデオショップ利用客からの事情聴取が必要だ！　捜査員が、渋る店主を説得し、客への貸与記録の借用に成功した。午後4時00分から午後6時30分までの利用客30人をリストアップ。午後8時40分から、来店当時の店内外の様子を電話で聴取する。なかには、家族や友人にメンバーカードを貸していた人もいて「何で警察署から電話があるのか？」と怪訝な声もあったが、捜査員が巧みな話術で、その不信感を取り除いていた。

　全員に対する聴取はできなかったが「5時30分ころ、店内に小学生の男児が3人いて、うち2人は子どもだけでビデオを返却に来ていた。もう1人は親子連れ風であった」との複数の情報が寄せられた。

しかし、依然として、被害に遭ったかも知れない男児の特定には至らない…。

4 捜査の中断！ 指揮伺い

並行して書店やビデオショップが入店しているマンション各戸への聞き込み捜査を行うが、有力な情報もないまま、目撃から6時間が経過…。

午後11時20分、①発生地を校区とする小学校の男児全員の無事が確認されていること、②未帰宅児童の届け出がないこと（隣接の警察署にも確認）から署長の指揮を受け、一旦、捜査を中断することとした。

5 事件性の払拭！ ビデオショップ利用客からの架電

翌日の午前9時ころ、連絡がとれなかったビデオショップ利用客の男性から電話があった。昨日の午後5時30分ころ、目撃の車種とは異なるものの歩道上に車を止めて、小学5年生の息子にビデオを返却させ、ショップ前で息子に「ビデオは今度何を借りたいか？」などと話しながら、息子は、自分で運転席後部に乗り込んだという。当時の男性の服装は、ポロシャツ、Gパンでサングラスをかけていたという。この男性と連れの息子！

第3章
自らを鍛える
16のヒント（現場編）

6 目撃者に対する思いやり！　未来の警察官

　目撃情報とほぼ一致する裏付内容を署長に報告したところ、目撃者である剛君と母親（父親は、単身赴任中）、そして、小学校の校長に早急に連絡するように、特に、目撃者宅には、捜査員が直接出向き説明すること、との指示を受けた。

　剛君宅への捜査員の派遣。結果として本当によかったと感じた。聴けば、母子ともに不安な一夜を過ごし、よく眠ることができず、母親は、息子を気遣いパート勤務を休んでいたという。子ども心に自らの証言の重みを敏感に感じ取っていたのだろう。

　訪問当初、緊張気味で堅い顔をしていた剛君も「僕が刑事さん達に話してくれたおじちゃんを見つけたよ。よく見てくれていたね。悪いおじちゃんでなくて良かった」と切り出し、通報への謝辞を言うと、次第に笑顔になり、傍らの母親は「息子が本当のことを言っているのか、次第に心配になって…。よかったです」と涙声になったという。

　帰り際にお土産のアイスクリームを手渡し、頭を撫でながら「僕、警察官にならないか？」と捜査員が声を掛けると「うん」と元気よく頷き、引き上げる捜査員を「敬礼」で見送ってくれたという。

　報告をする捜査員の顔も本当にうれしそうであった。

第**4**章

雑感抄

あ　味付け

　「和食」がユネスコ無形文化遺産に登録された。平成25年12月のことである。「自然の尊重」という日本人の精神を体現した食に関する「社会的慣習」として提案されていた。

　和食の特徴として4つ。①多様で新鮮な食材とその持ち味の尊重、②健康的な食生活を支える栄養バランス、③自然の美しさや季節のうつろいの表現、④正月など年中行事との密接な関わり（農林水産省ホームページ）。

　コンビニやファーストフード店などで手軽に食事ができるようになった今、改めて「ひと手間かけた」和食の良さに触れたいものだ。

　先輩から教わった「さみしさ同量、水2倍」。魚の煮つけ、煮汁の割合である。「さ」砂糖、「み」みりん、「し」しょう油、「さ」酒は同量で、水はその2倍というもの。単身赴任中、役に立った。

　また、「人生の七味唐辛子」というものもある。うらみ、つらみ、ねたみ、そねみ、ひがみ、やっかみ、いやみ（江上剛『もし顔を見るのも嫌な人間が上司になったら』文春新書）。

　和食のように繊細なおもてなしの心を持ち、人生の七味唐辛子で味付けされても、美味といわれる人生を送りたいと思う。

第4章 雑感抄

インターネットリテラシー

ツイッター上に、ライオンが道路上に立つ画像とともに「動物園からライオンが逃げた」と。平成28年4月14日夜、熊本地震の直後である。この投稿者・男は、同年7月、災害時にデマを流し、動物園の業務を妨害したとして逮捕された。「悪ふざけでやった」という。また、同年11月上旬、福岡県内で子どもたちを殺害するという内容の投稿がインターネット上で見つかり、小学生が集団下校するなどし、福岡県内の14歳の男子中学生が検挙補導された。「どれくらい反響があるか見たかった」という。いずれも犯罪行為という認識が感じられない。悪ふざけ、興味半分、軽いノリといったものである。

スマートフォンや会員制交流サイト（SNS）の普及で、インターネットは身近なものとなった。子どもも携帯ゲーム機からたやすくアクセスできる。SNSへの軽はずみな投稿、小遣い稼ぎの詐欺サイトへの誘いをはじめ、ネットを通じてさまざまなトラブルに巻き込まれたり、悪気はないのにトラブルの加害者になったりする危険性がある。

ネットの安全利用、個人情報の管理や情報の取捨選択など大人も子どもも正しい利用のための能力を身に付ける必要がある。

う ウォーキング

　気分転換、体に優しい有酸素運動としてのウォーキング。いわゆるダラダラとした歩きは、効果が低いといわれている。

　"姿勢良く、腕を振って、早歩き""専用シューズと動きやすい服装""適度なスピードで　しっかり酸素を"

　長続きのコツは、「目的」を持つことと、無理をしないこと。

　目的はメタボ解消、ウォーキングを日課に。とはいえ、一日も休まずとはいかず、女房から「今日は歩かないの」と言われることもしばしば。

　ところで、月夜のウォーキング、暗い夜道で、時々、困った場面に出くわすことがある。視線の先に一人歩きの女性がいたときである。

　何となく後ろを気にする様子。女性の足取りが心なしか速くなる。

　"私、悪さはしませんから"歩調を緩め、距離を開ける。横道を探すが、そんなときに限って、ずっと一本道……。

　"持ち歩こう　暗い夜道の　警戒心""振り向いて！　振り向いて！　もう一度振り向いて！"防犯キャッチフレーズ。その効果を実感するとともに「不安がらせてごめんなさい」と心の中で。

第4章 雑感抄

う　内羽根式と外羽根式

結婚式出席を間近に控え、新しい革靴を買おうと靴店へ。店員さんから「結婚式には、内羽根式のストレートチップが定番ですね。」と。内羽根式？ストレートチップ？……

紳士用の紐靴には「内羽根式」と「外羽根式」が。インターネットで検索などしてみると一目瞭然、「内羽根式」は、靴の紐を通す部分の皮が外側に出ていないもの、外側に出ているものを「外羽根式」という。それぞれのルーツは省略するが、内羽根式は儀式的な場、外羽根式は活動的な場に向いていると言われている。

「ストレートチップ」とは、靴のつま先に横一文字のラインが入っているもの。

今まで、多くの結婚式に出席したが、靴を磨きこそすれ、その型にまで気を配ることがなかった。知らないと恥ずかしい冠婚葬祭マナー。時に、組織の看板を背負っての出席の機会も。

エチケット、マナー、しきたりに関する躾が緩くなった、また、「大の大人に」と他人が教えてくれることも少なくなった今日。

大人の身だしなみとして、また、組織の看板を汚すことがないよう自分自身で確認することが必要な場合もあろう。

うつ伏せ寝とうさぎ跳び

　我が家の子ども二人は、生後「うつ伏せ寝」で育てた。当時、頭の格好が良くなるということで流行し、専用の硬いベッドに寝かせていた。また、中学生時代、体育会系クラブでは、基礎体力練習として「うさぎ跳び」は当たり前だった。当時、『柔道一直線』というドラマが放映されていたが、鉄下駄を履いた主人公は、神社の長い階段を下からうさぎ跳び。この熱血漢の姿を真似る少年も周囲に多数いた。

　しかし、現在、うつ伏せ寝を避けるよう厚生労働省が指導。あお向け寝の場合に比べて、乳幼児突然死症候群の発症率が高いという。また、うさぎ跳びの光景も見ない。筋力強化より関節や筋肉を傷めるリスクの方が高いとの指摘も。

　当時は、何の疑いもなく受け入れていたものが、後世で否定される。判断材料を持たない者は、どうすればいいのかと戸惑ってしまう。いつも人の評判で物を考える癖を付けてはいけない、自分なりにしっかりと考え、時に、多数に倣わない姿勢を持つことも大切だということか。

　そうとは思いつつ、懲りずに、健康ブームに乗って話題の「青汁」と健康補助食品を飲むのを今、日課としている。

第4章 雑感抄

え エスカレーター

　街中のエスカレーター。急ぐ人のためにということか、片側を空けて立つ光景を目にする。「左立ち右空け」。

　大阪に出張して戸惑った。「右立ち　左空け」。地域によって違いが？　インターネットで調べてみた。大阪、神戸は「右立ち　左空け」、東京、札幌、福岡は「左立ち　右空け」が標準。愛知名古屋では「両側立ち　歩かない」らしい。

　この片側空けの習慣、第二次世界大戦中の1944年頃、英国ロンドンの地下鉄で混雑緩和のために「左空け」が考案され、世界的に広まったという（斗鬼正一・江戸川大学教授）。

　ところで、片側空けと両側立ちの比較試験が、平成27年11月、発祥の地英国・ホルボーンという駅で行われた。その結果、片側空け（左空け）では1時間に2,500人、両側立ちでは1時間に3,250人だったという。混雑緩和、より多くの人をという点では、効果がなかったということに。

　日本エレベーター協会事務局は「横幅が狭く、段差が高いなど、そもそも歩かないことを前提に設計されている。立ち止まって手すりにつかまるのが正しい乗り方」と注意を呼びかけている。

温水洗浄便座

　真夏の東京霞ヶ関、合同庁舎2号館警察庁17階のトイレで事件は起こった。いわゆる個室で用を足し、「おしり」ボタンを押したその瞬間、高温の水が直撃。「アッチー！」あまりの衝撃に飛び上がり、前方のドアに頭を打ち付けた。外気で給水管が熱せられたか？　デスクに戻っても患部の痛みは引かず、同僚に事情を話すと、瞬く間に職場全体にこの珍事が広まった。

　温水洗浄便座。1980年、TOTOが初号機を発売。開発当時、水の当たりや温度調整のため、社内の開発チームが数百人の社員を動員してデータを集積。その結果、噴射角43度（「伝統の角度」と言われるらしい。）、湯温38℃、便座36℃という最適値が生み出された（公益社団法人発明協会『戦後日本のイノベーション100選』参照）。当時の開発者たちの苦労は並大抵のものではなく、悲喜こもごものドラマがあったことだろう。

　平成29年3月末現在、我が国での一般家庭への普及率は79.1％（内閣府調査）。脱臭・除菌、便蓋・便座の自動開閉など進化する温水洗浄便座だが、あの衝撃の余韻は続き、今も視線が自然と「温度設定」に向く。

第4章 雑感抄

階級

「警察官(長官を除く)の階級は、警視総監、警視監、警視長、警視正、警視、警部、警部補、巡査部長及び巡査とする」(警察法第62条)。巡査長は、国家公安委員会規則で設けられたもので、階級ではなく、巡査という階級にある警察官のうち巡査の実務の指導及び勤務の調整の職務を行うこととされているものをいう。

警察官に階級が必要とされている理由として大きく3つある。一つは「組織の統一性の確保」。執行機関として部隊活動する場合を念頭に置くと分かりやすいが、上下の関係を明確に示す「階級」は、組織の統一性を確保する上で有効に機能する。二つは、「代替要員の迅速な充足」。特定の職務に充てる階級をあらかじめ決めておくことで、欠員が出た場合など、代替者を容易かつ迅速に充足できる。三つは「職員の賞揚効果」。階級は、職員その者に対する評価であり、栄誉としての性質が強い(宮園司史『講座日本の警察 第1巻「警察官の階級制度について」』立花書房)。

最後に、組織体における階級は、指導と垂範、そして責任を負うために存在することを一瞬たりとも忘れてはならない(土田國保元警視総監)。

替玉

　嘘のような本当の話。県庁近くのラーメン屋。東京からのお客さんを案内。入店すると、壁のメニューには「ラーメン450円」「替玉100円」……。お客さん曰く「さすが博多は安いですね」「それでは、『替玉』」と注文。店にいたお客さんたちの箸が一瞬止まった。

　替玉の発祥は、福岡市中央区長浜と言われている。白いとんこつスープにストレート麺が特徴の長浜ラーメン。お客さんの大半が、近くの魚市場で働く人たち。時間のないお客さんを待たせるわけにはいかないと、すぐに茹で上がるストレート細麺が開発された。ところが、この細麺は、熱いスープに浸かっているとすぐに伸びてしまう。そこで、大盛りではなく「替玉」が考え出されたというのが通説のようだ。

　麺の硬さにもおもてなしの心が。硬い方から、お湯を通して麺の粉を落とすだけの「粉おとし」から「はりがね」「ばりかた」「かた」「ふつう」「やわ」などと、客の好みに対応。

　顧客のニーズへの探究心、そして対応力。内容により長期間を要することもあるかもしれないが、商売繁盛、その原動力の一つであろう。

第4章 雑感抄

き 共同体意識

「あいさつは危険」。兵庫県神戸市内のあるマンション。住民である小学生の保護者から「知らない人にあいさつされたら逃げるように教えているので、あいさつしないように決めて」との要望を受け、マンション内でのあいさつが禁止に（平成28年11月4日付『神戸新聞』）。

「盆踊りは雑音」。愛知県東海市大田町の夏祭り。平成21年から盆踊りの音楽を無音に。音楽は、FMトランスミッター（電波送信機）を使い、半径100メートルの範囲で飛ばし、踊り手は、それぞれが持参した携帯ラジオやイヤホンで音楽を聴きながら踊る（平成27年8月17日付『産経新聞』）。

「子どもの声は騒音」。千葉県市川市では、昨年（平成27年）4月に開園予定であった私立認可保育園が、周辺住民の反対を受けて開園を断念。

「安全・安心な街づくり」には、住民の理解と協力が不可欠。最小公倍数というか、最大公約数というか、「住民の共感度」の表現ぶりに迷うが、異なる考え方や価値観を持つ住民たちのことを理解した上で、これらの人々の琴線に触れるように説明・説得し、目的に向かっていく、その努力の必要性を改めて思い知らされた。

き 記録化

　警察官は、職務上、記録することが習慣化している。捜査を進めるに当たっては、将来、刑事裁判の証人になることなども考えて、その経緯などを記録した備忘録を作る（犯罪捜査規範第13条）。また、犯人を逮捕したときは、逮捕の日時、場所、逮捕時の状況、証拠資料の有無など逮捕に関する詳細を記載した逮捕手続書を作る（同第136条）。時計、メモは、必需品。

　ところで、私生活上における記録化のメリット。一般的に、記録化は、無意識的な行動を記録することで、意識できコントロール可能になるといわれている。

　記録化のススメ。警察署で、特に、日記と家計簿（小遣い帳）を付けることを推奨していた。日記は、一日を反省し、それを文章にすることで感情が浄化され、後日の自分史にもなる。また、家計簿、現在は、スマートフォン向けのアプリも数多くあり、入力や収支状況のビジュアル化も簡単。無駄遣いに気付くことができ、家計のスリム化に役立つ。

　長続きしたいウォーキング。スマートフォンのウォーキングアプリを立ち上げ、歩数、距離にニンマリしながら続けている。

第4章 雑感抄

　警察署刑事課長。女房、3歳と1歳の子ども2人と警察署裏の官舎暮らし。警察専用電話、ダイヤル式の「黒電話」が室内に。

　夜、寝室まで線を伸ばし枕元に電話を置く。ベルが鳴り出す前の一瞬の音「チン」。傍らで寝ている女房、子どもを起こさないための努力。「チン」で受話器を上げ、別の部屋に移動して会話。リーンリーンとベルを鳴らしたことはほぼなかったと思う。

　火災発生。警察署の斜め向かいに消防署が。夢か現実か？　消防署のピコピコピコという電子音（続く指令内容は不明）。続いて、出動のためドアを閉める音。バタン、バタンと2回は、ほぼ救急車の出動。ピーポーピーポーを「じーこー（交通事故）じーこー」と聞き、また眠りに。バタン、バタンが6回以上続けば、ほぼ「火災」。ウーと消防車が出動。当直からの連絡、黒電話のベルが鳴る前にこちらから「署に出て行くから」と…。バイブレーター付きの携帯電話もない時代。黒電話とささやかな家族愛！

　あれから20年余り、子どもも独り立ちし、女房と二人暮らし。携帯電話のディスプレイに高齢の両親が暮らす実家の電話番号が表示されると、一瞬ドキリとする。

く 勲章伝達式

　今年も勲章伝達式に出席した。勲章の種類には、菊花章、桐花章、旭日章、瑞宝章、文化勲章、そして宝冠章がある。「公務等に長年にわたり従事し、成績をあげた者」を対象とするのが瑞宝章。瑞宝大綬章、同重光章、同中綬章、同小綬章、同双光章、同単光章がある。

　また、叙勲には春秋叙勲、危険業務従事者叙勲、高齢者叙勲、死亡叙勲などがあり、春秋叙勲は毎年2回、春は4月29日付け、秋は11月3日付けで授与される。危険業務従事者叙勲は、春秋叙勲とは別に警察官、自衛官など著しく危険性の高い業務に精励した者を対象とするもので、平成15年11月に始まり、日付は春秋叙勲と同じである（内閣府ホームページ）。

　ホテルの大広間、百名弱の先輩方。音楽隊が奏でる荘厳なメロディが流れ、ご家族が見守られる中、警察本部長からお一人お一人の左胸に勲章が着けられる。直接、お世話になった先輩の姿も見え「おめでとうございます」と心の中でお祝いの言葉を。

　先輩方のご努力で今日の安全・安心があると感謝、これからもお元気で、幸多からんことをとお祈りし、式場を後にした。

第4章　雑感抄

け 検索データ

　報道で、内閣支持率など国民の意見を探るさまざまな世論調査結果を見聞きする。調査方法の一つとしての「RDD方式」。ランダム・デジット・ダイヤリング、コンピューターで無作為に数字を組み合わせて番号を作り、電話をかけて調査する方法である。また、視聴率、調査会社のビデオリサーチ社は、昭和37年から無作為に抽出した世帯に専用機材を設置し、テレビの視聴状況を測定している。

　ところで、平成28年4月14日以降の熊本地震に関して、インターネット検索データから被災者のニーズをたどることができるという記事（平成28年8月29日朝日新聞デジタル）。

　「セブンイレブン」、政府が食料をコンビニに届けると発表した4月17日、検索数が最も高く、翌日には地震前の検索数に落ち着いた。「西部ガス」、16日の本震直後から検索数が上昇を続け、25日がピーク。「水道」、17～19日に多く検索。記事では、「住民の『わからない』という不安が検索データに表れているとしたら、行政側の情報発信を見直すヒントにならないだろうか」と問いかけている。

　我々の情報発信のヒントにもなると思われる。

こ 公衆電話

「しまった、携帯電話を車の中に」。用件が済み、いざ迎えの車を回してもらおうと思って気付いた。連絡手段、公衆電話しかない。街中を足早に探し回る。あった！ しかし、相手の携帯電話番号を覚えていない。今や携帯電話機の中の電話帳や発着信履歴にすっかり頼り切っている。10円玉がなく、100円玉を投入し、職場を通じて（流石に、職場の電話番号は記憶していた）連絡を取った。20年振りの公衆電話利用であった。

市街地では、概ね500 m四方に1台が基準（電気通信事業法施行規則）とされているらしいが、めっきり姿を消した公衆電話。

昭和の時代。親に隠れて彼女に電話。10円玉を何枚も握り、近くの公衆電話に。呼び出し音を聞きつつ、怖い親父さんが電話に出ませんようにと祈っていた頃が懐かしい。友人の電話番号は、ほとんど暗記、私製の電話帳も持っていた。

地震など大規模災害時でも発信制限がなく、電話回線を通じた給電で停電の心配もないという公衆電話。最近、気にもかけなかった公衆電話に後光が差し、ありがたやと手を合わせた一コマであった。

第4章 雑感抄

こ 子どもの学習費

　大学生時代、奨学金のお世話になった。貧乏学生にとっては、アルバイト代とともに貴重な財源であった。

　その奨学金、今や国の奨学金だけでも、学生の4割に当たる132万人が利用し、事業総額は約1兆円。そして、その返済に苦しむ若者が増えているという。3ヶ月以上の滞納者が、平成26年度末で約17万3,000人、延滞額は約898億円に上るという（独立行政法人　日本学生支援機構）。

　文部科学省が、平成6年度から隔年で実施している「子供の学習費調査」。平成26年度分を見ると、幼稚園3歳から高校3年までの15年間の学習費、全て公立に通うと約523万円、全て私立に通うと約1,770万円との結果。高校のみが私立の場合は約698万円。その他の塾代などは含まれていない。ちなみに、大学学部（昼間部）の1年間の学費は、国立67万3,700円、公立68万2,100円、私立131万9,700円となっている。

　子どものために支出は惜しまず、偽らざる親心。親の財布の中身にも大きな影響。計画的な生活・経済設計が求められる一つの所以でもあろう。

こ ゴレンジャー

　赤、青、黄、緑、桃、5人5色の衣装をまとい、地球の平和を守るため、悪の組織「黒十字軍」と戦う秘密戦隊ゴレンジャー。子ども達のヒーローだ。対して、職場の中に、「困った」レンジャーはいないか。

　①「昔の名前で出ています」レンジャー。時代の変化をもろともせず、問題意識も持たず安穏。「昔はね…」タイプ。

　②「そば屋の出前」レンジャー。「今から、すぐやります」とは言うものの、なかなか行動しない。「いつやるんか」タイプ。

　③「空回り」レンジャー。とにかく一生懸命。だが、ピント外れ。空気も読めていない。「無駄汗にハラハラさせられる」タイプ。

　④「糸が切れた凧」レンジャー。軌道修正もなく、息切れするまで突っ走る。「おいおいどこ行くの」タイプ。

　⑤「開き直り」レンジャー。「時間がない」「人がいない」取り付く島がない。「出来ません、あなたがやれば」タイプ。

　時代の変化が早く、複雑多岐にわたる取扱事象。「世のため　人のため」市民、そして組織から頼られる職業人、真に力を持つゴレンジャーの一員にならなければ。「ラジャー！！！」

第4章 雑感抄

さんぼ
三惚れ

　平成29年7月、「『神宿る島』宗像・沖ノ島と関連遺産群」が、世界文化遺産に登録されることが決まった。同年5月に、事前審査をした国連教育科学文化機関（ユネスコ）の諮問機関イコモスが、沖ノ島と周辺の岩礁を登録し、本土側の宗像大社など4つを除外するよう求めた勧告を覆す一括登録となった。

　世界文化遺産は、ユネスコが主催する三大遺産事業の一つであり、今回の登録推薦は、特に、宗像の地で二回ほど勤務し、その歴史・文化・風土に触れた者の一人として誇りである。

　ところで、今でも思い出す地元の珍味。フェリーで渡った大島での「トウヘイ（クロアナゴ）鍋」、ウナギに似た風貌の肉厚な白身魚がメイン。津屋崎や神湊の小料理屋で食べた「チイチイフグ（クサフグ）」の刺身、体長が10～25センチ程度で味が淡白。鐘崎の正月の珍味、玄海かずのこ とも称される「ノウサバ」、ホシザメを寒風に干し、干しあがったところを湯通し。5、6センチの短冊切りにして秘伝のたれに漬け込む。

　いわゆる転勤族に対して語られる「三惚れ主義」。「仕事」に惚れ、「任地」に惚れ、「配偶者」に惚れよと。「任地」、行く先々で、当地の歴史・文化・風土にしっかりと触れたいものだ。

診断結果

　秋の予感が漂う夜、外食をすませ、家族で花火見物に。大輪、小輪、夜空を彩った花火の美しさを余韻に帰宅すると、にわかに左上半身を襲う痒み。見る見るうちに赤い斑点の大出現。"じん麻疹？"夕刻に食べたイカ、エビ、貝などが頭に浮かぶ。痒みは収まらず、赤い斑点が左上半身にその範囲と密集度を増してきたことから、夜間救急病院へ行った。

　医師は、患部を一瞥しただけで「何を食べましたか」「いつごろ食べましたか」との簡単な応問で「じん麻疹」と診断。注射の後、薬をもらって帰宅した。

　翌朝、赤い斑点は一向に衰えず、生来の性急さも手伝って、職場近くの皮膚科に。「毒蛾」すなわち「虫刺され」。「体の半分だけにできるじん麻疹なんてありません」この医師のことばは、本当に強い説得力を持って聞こえた。

　「じん麻疹」と「虫刺され」、二つの診断結果。誤診の病院には家族も含めて二度と行っていないが、自ら判断できない事柄ゆえ、たった一言付け加えてもらうだけで、随分と納得の仕様が変わることを身をもって感じた次第。

夕刊の記事を読み、すぐに関係者である隣県の友人に電話。「そんな記事が載ってた？ こっちは、夕刊ないのよ」と。朝刊社会面を見て、県内の同僚に電話。「こっちは、その記事載ってない」と。

地域によっては、朝刊のみで、統合版として夕刊の内容を盛り込んでいること、また、配達地域によって紙面の内容が変わる、「版」が切り替わることを知った。

新聞を内容ではなく、その容貌を見てみる。

上部に〇版と数字が記載。印刷所がある都市部では、ギリギリまで差し替えが間に合うため、版数を重ねた新しいニュースを盛り込んだ紙面の割合が多くなる。下部の枠外にいくつかある小さな穴は、機械で新聞を折る際、針が刺さった跡。上下のギザギザは、新聞を裁断する刃の形状による。

また、大抵の朝刊の第1ページ下には書籍や雑誌の広告。その規格は「サンヤツ」「サンムツ」と呼ばれている。3段分の高さで8等分、3段分の高さで6等分。書籍が8冊、雑誌は6冊並ぶ。

新聞の容貌について調べてみるのもおもしろい。カラー紙面の枠外下にある黄・赤・青・黒の丸点は何だろう？

す スピーチ

　スピーチに関して、人様に語れる能力は持ち合わせていない。あくまでも、聞き手として感じたことである。話の上手い人、下手な人はいるが、例えば、結婚式でのスピーチ。

　最悪と感じるのは、名前を間違えること。「新婦『寛子』さんは…」、「あれっ？」席次表で確認すると新婦は「葉子」さん。こんなときに限って、スピーチ中、何回も間違えた名前が出てくる。「寛子さんは」「寛子さんは」聞こえる度にばつが悪くなり、下を向いてしまう。新郎・新婦のご親戚なども内心、カンカンだと思う。

　そして、話が長いこと。もう終わるかと思えば、「えーっ、また…」「そして、こんなエピソードも…」と延々と。そして、締めは「甚だ『簡単措辞』ではございますが」とくる。せっかくの冷たいシャンパンやビールも温くなってしまう。

　お祝いの席だけに、表向きとやかく言う人はいないと思うが、名前の確認、簡潔なスピーチを心がけてもらいたいものだ。

　感動を呼ぶには事前準備。心（祝福の気持ち）の準備と紙（内容）の準備。そして、会場にいる方々への心配りが必要だ。

第4章 雑感抄

せ Z旗

応接室の壁に「旗」が。2本の対角線で4分され、黄・黒・赤・青の4色に染められている。「社員一人ひとりが全力投球し、一丸となって目標を達成しようとするシンボル、『Z旗』です」との説明。

「Z旗」は、海上における船舶間での意思疎通の国際信号機で、その名のとおりアルファベットのZを表し、一字信号では「曳き船(タグボート)を求める」また、投網中(漁場で操業中の漁船が用いたとき)などの意味を持つ。

日露戦争・日本海海戦の際、東郷平八郎連合艦隊司令長官の号令「皇国ノ興廃コノ一戦ニアリ各員一層奮励努力セヨ」との信号機としてZ旗が掲げられ、帝政ロシアのバルチック艦隊を撃破。それ以降、この故事にちなんで命運を分ける決戦のときに「Z旗を掲げる」という慣用句ができたという。これとは別に、Zはアルファベットの最後の文字なので、「もう後がない」「最後の決戦」という意味合いという説もある。

指揮官。Z旗を掲げたものの、振り向けば誰も付いて来ていない、そんな事態とならぬよう修行をさらに積まねばと思う。

そ 想定外

　東日本大震災、東京電力福島第一原子力発電所の原子力災害に関し、同電力が、津波が主原因で、津波の高さは「想定外」と発言したことから大きな波紋に。本当に想定外か、想定を見直す機会がありながらそれを逸したのではないかと。三陸沖では、平安時代前期貞観11（869）年に推定M8.4以上の巨大地震（貞観地震）が発生、地震と津波で死者千名以上という甚大な被害が出ていた。

　他方、釜石市大槌湾にある地域の津波ハザードマップと今回の津波犠牲者の住所を照合したところ、浸水「想定」区域や過去の津波到達範囲内では犠牲者が少なく、それ以外のエリアで犠牲者が多く分布という調査結果。浸水「想定」区域外の人にとってハザードマップが「安全地図」になっていた可能性を指摘（片田敏孝・群馬大学教授「これからの大津波・大震災に備える」）。

　災害対策は、実際に発生した災害の状況と、それに対して実際に行った対応を検証し、それから導き出される教訓を踏まえ、必要な見直しを速やかに行うという不断の努力の上に成り立つ。

　逮捕、捜索活動など日々の現場においても、知識と経験、そして想像力を駆使して「想定外」をなくす努力を欠いてはならない。

第一次捜査権

人は、簡単に手に入るものほど粗末に扱う。例えば、選挙権。ところで、警察が自らの責任で犯罪捜査を行うことは、今や当然のことと思われている。が、戦前では、警察官は検察官の指揮の下に、その補助的な立場で犯罪捜査を行うものに過ぎなかった。

昭和24年施行の刑事訴訟法第189条第2項「司法警察職員は、犯罪があると思料するときは、犯人及び証拠を捜査するものとする」の規定によって、初めて、警察は独立した第一次捜査機関として捜査を行うこととなったのである。

以降、警察官が裁判官の発する逮捕状により被疑者を逮捕する権限を持つこととなったが、逮捕権の濫用を指摘する声が高まり、司法警察員が逮捕状を請求するには、検察官の同意を得なければならないとの刑事訴訟法改正案が出現する事態となった。国会での激しい議論の末、現行のいわゆる指定警部以上、逮捕状の請求権者が、公安委員会の指定する警部以上の司法警察員に限られることとなったのである。昭和28年の刑事訴訟法改正である。

捜査に携わる者として、高松敬治『昭和28年の刑事訴訟法改正問題』など、当時の議論に触れることは、必要なことだと思う。

た 宝くじ

　宝くじを買い続けて30年、未だ高額な当選金を手にしたことはない。毎度、200円、300円の残念賞である。

　ところで、宝くじ公式サイトによると、平成27年度の宝くじの販売実績額は約9,154億円。うち、賞金や経費などを除いた約40％（約3,639億円）が収益金として、発売元の全国都道府県及び20指定都市に収められ、高齢化少子化対策、防災対策、公園整備、教育及び社会福祉施設の建設改修費用などに使われる。

　「宝くじ住職」が評判となった福岡県篠栗町の「南蔵院」。住職が、平成7年のドリームジャンボ宝くじ1等をはじめナンバーズの高額当選。高さ11メートル、横41メートル、アメリカの自由の女神を横にした大きさの「涅槃像」の建設をはじめ全てお寺のために使われたと聞いている。奇特なことだと思う。

　女房から「全く当たらないのに、買って損するだけでしょ」ときつめに言われ、「買わなければ、当たらないでしょう」と反論、ギャンブルをするでもなく、自分の小遣いで夢を買う。

　高額当選したら何に使おうか……、"宝くじ　抽選の瞬間(とき)まで夢心地"。万年敗者の痩せ我慢か？

第4章 雑感抄

た 立ち会い出産

産婦人科医院の分娩室前のソファーで、「父」となるその瞬間を待つ。突然、分娩室の入口ドアが開き、中から男性が廊下にうつ伏せに倒れた。顔面蒼白。「外で待っていてください」「いいえ、妻との約束ですから」「いいから、いいから。ご主人の面倒まで見られません」。立ち上がりながら男性が看護師さんと押し問答。しょぼくれた男性が、ソファーに腰を下ろし、深いため息を。

立ち会い出産。申し訳ないが女房一人で頑張ってもらうことにした。「男の子か、女の子か教えましょうか」エコー片手の医師の声にも、生まれた瞬間の喜びとして取っておくことにしていた。

待ちわびる私に、義父が差し入れとして寿司を持参。ちょっとの時間だからと数メートル離れた待合室に。これが大失敗！！！

分娩室から「生まれましたよ。お父さん、中にどうぞ」と。分娩室前のソファーで待つ義父は、正に女房の父。赤ちゃんと「お父さん」との対面。（女房）「あらっ、お父さん（私のこと）は？」（義父）「うん、今、寿司食べている」。第一子の誕生、何て薄情な父！　女房は決して忘れない。娘にもしっかりと語り継がれている。

"気をつけよう　寿司をパクリ　愚痴一生"。

立行司（たてぎょうじ）

　今年も11月の風物詩、大相撲九州場所初日の取組を知らせる「ふれ太鼓」の音が、福博の街に鳴り響く。

　ところで、土俵上で力士の取組をさばく行司。力士同様番付格があり、最高位は「立行司」、木村庄之助と式守伊之助の二人がいる。木村が上位で、空位になれば式守が昇格する。木村は結びの一番のみ、式守は二番をさばく。

　また、取組中の行司のかけ声「残った、ハッキヨイ」。「残った」は技をかけている場合、「ハッキヨイ（発揮揚々の意味）」は両力士が動かない場合にかける。そして、全く同時に両力士の身体が土俵についた場合（同体）でも、行司は必ず、東西どちらかに軍配を上げなければならない（日本相撲協会寄附行為施行細則附属規定）。

　立行司は、他の行司（三役格、幕内格、十枚目格など）と違い、腰に短刀を帯びて土俵に上がる。「（軍配を）差し違えたら切腹する」という覚悟を意味している。

　「覚悟」と「瞬時の判断」。警察手帳を持つ我々と何か通じるものを感じる。

第4章　雑感抄

ち　地域警察の原型

交番、駐在所を中核とする地域警察の原型。明治7年1月に東京警視庁が巡査を東京の各「交番所」に配置。当初「交番所」は施設ではなく、活動する場所としての指定であった。巡査が交替で屯所（現在の警察署）から「交番所」まで行き、立番等の活動を行った。その後、東京警視庁が「交番所」に施設を設置し、明治14年「派出所」と改称された。

全国に「派出所」が設置されたのは明治21年、同時に施設に居住しながら勤務する「駐在所」も設置された。

そして、平成6年、「交番」という呼び名が市民の中に定着していたことから、再び「交番」に統一された。

世界に広がる「KOBAN」。シンガポールでは、1983年「ネイバーフッド・ポリス・ポスト（NPP）」の第一号が開設され、ブラジルのサンパウロ州では「バーズィ・コムニターリオ・ダ・ゼグランザ」と呼ばれる施設を拠点として、パトロールなどを行っている（平成16年『警察白書』）。

交番・駐在所に設置された「赤い門灯」。時代とともにその型は変化しているが、地域住民の安全・安心の拠り所としての灯火であることに変わりはない。

ち 地域の足

　九州旅客鉄道、ＪＲ九州が完全民営化。平成28年10月25日、東京証券取引所に株式上場を果たした。在来線20路線のうち収支が黒字なのは福岡都市圏の篠栗線だけだといい、今後は、コスト削減と利便性の両立に努めるという。筑豊線の無人駅化、スマートサポートステーションの導入も計画されている。

　かつての勤務地、漁村や農村部を走り、乗客がいない空(から)の私鉄バスを何度と見た。いわゆる「不採算路線」。

　また、このような地域では、軽トラックを運転する高齢者が多く、「運転免許の自主返納」もなかなか進まなかった。高齢者にとって、世間とつながりを持ち、行きたい時間、行きたい場所に移動できる自動車は、力強い味方であり、ハンドルを握らざるを得ない事情があるのだ。

　国勢調査確定値（平成27年10月1日現在）によると、総人口の8人に1人が75歳以上。高齢化や過疎化が進む中、地域の足は、特に、高齢者にとって深刻な問題であり、コストだけで割り切れない事情がある。高齢者を支援する仕組み。官民含めて熟考、時にコスト棚上げでの整備が必要な場合もあろう。

第4章 雑感抄

ツクツクボウシ

　蝉のツクツクボウシ、「つくつくぼーし」と鳴く。刑事になりたての若い頃、そのセミの鳴き声を朝の会議室で聞いた。

　朝礼に集った署員を前に「皆さん、事故防止ですよ。事故防止。」と所属のナンバーツーが指示。警察本部から送られてきた文書を見ながら、「…してはならない」「…しなければならない」と。新米刑事は、朝礼の内容を刑事課員の欠席者に伝えられるよう文書にしなければならない。延々と読み上げられる内容を聞き逃すまいと、ノートに鉛筆を走らせつつ、生意気にもこう思った。「『この人、ツクツクボウシだな』『事故防止、事故防止』が『つくつくぼーし、つくつくぼーし』って聞こえる。最後に尻上がりの『ジーッ』で終わるんだろうな」と。ごめんなさい！！！

　話が一本調子で、硬直的になってしまうと、聞き手もつらい。私がしゃべる話も、聞いている皆さんが、ミンミンゼミ「眠　眠眠眠　眠」「早く締めて。眠ってしまいそう」となっていないか。

　そんな心配から、国会の委員会質疑、政治討論、お笑い、落語など、話し上手を盗めないかと、テレビの見方・聞き方も変わる。

津波てんでんこ

　平成23年3月11日、大津波が東北地方沿岸部に甚大な被害を及ぼした東日本大震災。その中で「『津波てんでんこ』の教えの正しさ」、「釜石の奇跡」と語られていることがある。

　「てんでんこ」とは、「各自」のこと。海岸で大きな揺れを感じたときは、津波が来るから肉親にもかまわず、各自てんでんばらばらに一刻も早く高台に逃げて自分の命を守れ、という教え。

　海からわずか500メートル足らずの近距離に位置しているにもかかわらず、釜石市立釜石東中学校と鵜住居小学校の生徒・児童約570人は、地震発生と同時に全員が迅速に避難し、押し寄せる津波から生き延びることができた。

　「津波てんでんこ」の教えを基に、津波からの避難訓練を8年間続けていた釜石市内の小中学校では、全児童・生徒約3千人が即座に避難。生存率99.8％という結果から「釜石の奇跡」と呼ばれている。

　積み重ねられた防災教育が実を結び、震災発生時に学校にいた児童・生徒の大切な命を大津波から守った。

　過去の教訓、わかりやすい伝承、そして実践の大切さを痛感。

第4章　雑感抄

て
敵国降伏

　平成26年9月11日、福岡県警察は、全国で唯一の特定危険指定暴力団「五代目工藤會」に対する頂上作戦を開始。当日の朝刊には「工藤會トップら逮捕へ」「工藤會最高幹部立件へ」などの見出し。特別捜査本部のデスクで緊張の時を過ごしていた。

　3日後、しばらくご無沙汰の警察学校同期生A君から一通の封書が。中には、日本三大八幡宮の一つ、筥崎宮の楼門に掲げられている「敵国降伏」のストラップが。添え書きなどはなく、ストラップのみ。

　「敵国降伏」の意味。一般には「日本に攻めてくる敵国を降伏させよう」という祈りのように思われているようだが、実は、「敵国が我が国の優れた徳の力によって導かれ、相手が自ら靡き降伏する」という意味だそうだ。筥崎宮宮司の田村靖邦氏とたまたまお会いする機会があり、日本の優れた国柄が示されていると教わった。戦わずして勝つということか。

　「敵国降伏」、その実現に向けて県警察は今も頑張っている。当時、A君が「敵国降伏」の真の意味を知って送ってくれたのか尋ねる気もないが、胸が熱くなり、心に更に火をつけてくれたストラップだったことに間違いはない。

て 手締め

　宴会などでの手締め。「ご指名により、中締めをさせていただきます。それでは『関東一本締め』で。いよーっ」。関東一本締め？

　手締めには「一本締め」「三本締め」「一丁締め」などがある。

　「一本締め」は「いよーっ、パパパン　パパパン　パパパン　パン」を1回、手を10回叩く。3回×3、そして1回。3×3＝9、漢字で「九」。ここに「一」を加えることで「丸」、会が丸く収まるといわれている。

　「三本締め」は「いよーっ、パパパン　パパパン　パパパン　パン」を3回。「一丁締め」は「いよーっ、パン」で終わり。また、最初の「いよーっ」は、「祝おう」を省略した形と言われている。

　関東の一部地方で「一本締め」という言葉が、広く「一丁締め」と同じ意味で使われていたことから「関東一本締め」と言われている。

　関東系の人と関西系の人が出席したパーティで「一本締め」をやったところ、「一本締め」と「一丁締め」が混在し、何とも後味の悪い締めとなったと聞いたことがある。大事な締め、丸く収まるように的確なリードが求められる。

第4章　雑感抄

天然とらふぐ

　山口県下関市にある老舗ふぐ料理店「春帆楼」。併設の日清講和記念館には、明治28年の日清講和条約（下関条約）締結時の大広間が、当時の調度そのままに再現されている。

　明治20年、内閣総理大臣伊藤博文が宿泊。その際、海が大時化で全く漁がなく、困り果てた女将が、打ち首覚悟で当時禁食だったふぐを出したところ「うまい」と。翌21年、伊藤は山口県令（知事）に命じて禁を解かせ、ふぐ料理公許第1号店となった（春帆楼ホームページ）という。

　ところで、「下関ブランド」の天然とらふぐ。下関市の南風泊市場で取り扱われる量の3分の1は、福岡県鐘崎漁港の漁船によるものという。鐘崎漁港は、天然とらふぐの水揚げ県内第1位。天然とらふぐの価値を高め、全国に広めようと、鐘崎ブランド「鐘崎天然とらふく」が発案され、地元の宿泊施設などでイベントやフェアが行なわれている（ホームページ「宗像観光ガイド」）。

　その値段から口にする機会は滅多にない。下関でなく、地元で旬の美味を味わうことができる。高速道路料金を払ったつもり、清水の舞台から飛び降りるつもりで家族サービスするか？

道路陥没完全復旧

　都心の JR 博多駅前、福岡市道交差点付近が、約 30 メートル四方にわたって陥没。深さは約 15 メートル。平成 28 年 11 月 8 日、早朝の出来事である。奇跡的と思うが、けが人等はなかった。

　陥没が徐々に広がり 5 つの車線と歩道の全てが陥没、信号機が穴の中に吸い込まれていくニュース映像にゾッとした。地下を通る電気、ガス、水道など 13 の配管も寸断されライフラインが麻痺、周辺のビルには避難勧告が出された…。

　それからわずか 1 週間での完全復旧、通行再開。セメントと粘土を含んだ「流動化処理土」を使い、1 日 100 人以上が夜通し作業。英国 BBC、米国 CNN など海外メディアでも、そのスピードや日本の技術力の高さへの感嘆や称賛の見出しが躍った。

　事態の衝撃と今春までの勤務地での出来事、その推移を注意深く見守っていた。それだけに、復旧の報は、本当に胸に染みた。

　完全復旧から 4 日後、賠償金の受取りを辞退する経営者の記事。東日本大震災や熊本地震の被災地で支援活動に従事した経験から「私たちの被害は少なかった。もっと他のことに使ってほしい」と（11 月 19 日付『産経新聞』）。また一つ感動した。

第4章 雑感抄

ながらスマホ

　スマートフォンゲームアプリ「ポケモンGO」の国内配信に先立ち、平成28年7月、内閣が異例の注意喚起。歩きスマホをはじめ公共マナーや安全性への懸念を踏まえた「9つのお願い」。

　平成27年末現在、スマートフォン、俗に言うスマホの利用率は、国民の54.3％（総務省『平成28年版　情報通信白書』）、今後もさらに伸びることが予想されている。

　ところで、スマホに絡むレストランでの一光景。若いアベックが互いに相手を見ることなく、自分のスマホ画面に目を落としたまま、ずっと会話…。幼い子供連れの両親がスマホ、子どもは携帯ゲームにそれぞれ夢中、視線を変えず、器用に料理を口に運ぶ…。「話すときは、相手の目を見る」「食事するときは、料理を愛でながら食べる」絶滅危惧種の遠吠えか？

　スマホは本当に便利。しかし、時に、使い手の内向きな心、現実的なコミュニケーション力の後退に危機感を感じる。今に、家の中でも家族の会話はメールで？「今日、どうだった？」と…。

　あっ！　そう言えば、昨夜、喧嘩して隣の部屋にいる女房に、家の中で「ごめん！」とメールしたな！！

「ノーネクタイ、ノージャケット」、地球温暖化防止のため、夏場における職場での冷房時の室温を28℃に抑えて軽装を促す「クールビズ」。平成17年度、環境省の主導で始まった。「格好いい」という意味のクール（cool）とビジネスの短縮形ビズ（biz）を併せたもので、一般公募によるネーミング。

　さて「28℃」。労働安全衛生法に基づく厚生労働省令「事務所衛生基準規則」、「事業者は、空気調和設備を設けている場合は、室の気温が17度以上28度以下…に努めなければならない」（第5条3項）に由来するという。

　クールビズの成果については、平成22年度の数字であるが、環境省は、約169万トンのCO_2（約393万世帯の1か月分の排出量に相当）削減と推計している（環境省ホーページ）。

　導入当初は、ネクタイを外すことに戸惑いが見られ、周りをキョロキョロ見渡しながらという雰囲気であったが、今や、定着感があるクールビズ。

　前頭部を後退し続ける生え際前線。まもなくスーパークールビズの領域に。こちらは、定着しなくてもいいのに。困ったものだ！

第4章 雑感抄

ぬるま湯

　露天風呂で、天を仰ぎ、手足を伸ばし疲れを癒す、至福の時間。温泉は、地上に湧出時の温度などにより、低温泉（25℃以上34℃未満）、温泉（34℃以上42℃未満）、高温泉（42℃以上）とに区分（環境省　鉱泉分析法指針）。熱い温泉のほうが、体がより温まると思いがちであるが…。

　大塚吉則・北海道大学大学院教授が、湯温40℃と42℃で、それぞれ10分間入浴後の皮膚温をサーモグラフィーで測定。出浴直後は42℃の方が高かったが、30分後には逆転して40℃の方が高くなったという。40℃のぬるま湯の方が、体が芯から温まり湯冷めしにくいということである（YOMIURI ONLINE yomiDr.2014.12.8）。

　「熱い」「ぬるい」の感覚は人それぞれ、好みも違うが、日本生活習慣病予防協会は「入浴事故を防ぐための5か条」で「湯温は41℃以下、湯に浸かる時間は10分までを目安に」を掲げている。

　ところで、外から刺激を受けたり、緊張したりすることなく、のんびり暮らすこと、という意味もある「ぬるま湯」。こちらのお湯には、浸かるべきか、浸からざるべきか？

ね 年賀状

　毎年、元旦の午前中、年賀状が配達されるのが待ち遠しい。何度も空(から)のポストをのぞくことも…。

　ところで、ネオマーケティング社が平成２６年１１月に行った調査によると「もらってうれしい年賀状」ベスト３は、①手書きのメッセージがある、②近況が書かれている、③家族の写真がある、であった。近況は、やはり気になるものである。

　「……昨春　現在のポストへの異動内示を聞いた瞬間『人生楽ありゃ苦もあるさ』と水戸黄門の主題歌が頭の中に浮かんだことが昨日のことのようです爾来　スタッフに助けられながらの毎日でしたが『一日一歩　三日で三歩　三歩進んで二歩下がる』水前寺清子の365歩のマーチの如き１年でした全国から注目される中　本年も精一杯頑張るぞと心を新たにしました……」。

　組織犯罪対策課長時代、平成25年元旦の年賀状である。

　厳しい暴力団情勢、県北部では飲食店経営者らに対する連続殺人未遂等事件、県南部では対立抗争事件等全く気を抜けない１年であった。

　「世のため　人のため」厳しくつらい仕事であっても、市民の安全と安心につながったという近況が書けるよう日々尽力したい。

第4章 雑感抄

ノック

　昇任試験の面接指導の参考にと、インターネットを検索し、就職活動関係を見た。面接室への入り方「ドアのノックは何回するのが常識？」思わず「えーっ、知らなかった！」

　上司の部屋に入るとき「コンコン」と2回ノックをしていた。しかし、2回は失礼！　ノックは「プロトコールマナー」といって国際標準マナーがあり、回数が決められているという。

　2回のノックは「トイレ用」。3回のノックは「家族、友人、恋人など親しい相手」。4回以上のノックは「初めて訪問した場所や礼儀が必要な相手」とされている。4回のノック「トントン　トントン」の由来は、ベートーベンの交響曲第五番「運命」にある「ジャジャジャジャーン」にあり、運命の扉を開くという意味があるそうだ。

　日本では、3回のノックがビジネスシーンの主流としてとらえられており、マナー違反にはならないと言われている。

　これまでの自分の無知を恥じるとともに、「コンコン」という私の失礼なドアノックに対して「（トイレに）入っています」という返事をされなかった、かつての上司の寛容さに心から感謝する。

は 花火大会

　地元恒例の花火大会を前に、署長室で警備打ち合わせ会議が。署員数も少なく、刑事課長である私も含め警察署をあげて取り組まなければならない。

　担当課長による警備体制などについての説明が終わるやいなや、署長が口を開いた。──"早っ！！"このタイミングで？　出席の幹部に緊張が走る。いつもは、出席者からの質問や意見などをしっかりと聞き、会議の終わりに含蓄ある話をされる署長。

　──署長の口から「刑事課長を警備につけるのか？」と。私の任務は"署長付き"、署長の傍にいて指示の伝達や各種報告を行う役目である。

　「署長に嫌われた！」瞬間的に胸をよぎった。担当課長による全体のフォーメーションの再度の説明にも「外しなさい」と。私も「署長、従事させてください」と…。

　署長曰く「刑事課長は、皆知ってのとおり、3月の着任以来、夜の呼び出し、事件処理でろくに休みもとっていないだろう。この時間くらい、家族と一緒に花火を見せてやれ」と…。

　警察署裏の官舎の窓から、3歳と1歳の子どもを膝に抱き、見上げた花火。涙でかすむ、ひときわ心に染みる花火大会だった。

第4章 雑感抄

110番。警察庁ホームページ「110番の歴史」によると、昭和23年10月1日、東京をはじめ全国8都市で電話による警察への通報が始まった。しかし、当時、東京は「110」、大阪、京都、神戸は「1110」、名古屋は「118」など。昭和29年7月1日の新警察法施行をもって「110」とすることに。昭和35年までに全国的に統一が完了した。

「110」については、「覚えやすい」「かけやすい」「間違いにくい」この3要素で決まったという。利用者に覚えやすい番号。緊急性を考え、当時のダイヤルを回す距離（ストッパーまでの距離）が一番短い「1」を多くする。かけ間違いを防ぐため、ダイヤルを回す距離が一番長い「0」を使う。

消防の「119」。大正15年からダイヤル式の電話通報「112」がスタート。しかし、かけ間違いが多く、昭和2年「119」になったという。

平成27年中、全国で約923万件（平成21年度以降、900万件前後で推移）、レスポンスタイム全国平均7分6秒。

"緊急時 市民が頼る110番" 市民の安全を守るため、いざ！

ふ 風評被害

　大学時代の先輩、某銀行の秘書室長、「コンビニで売っている防弾チョッキの値段を教えて。来週、役員がそちらに出張するから」。転勤で挨拶に来られた支店長、「こちらでは、子どもさんが落し物として、手榴弾を持ってくるらしいですね」。相手は本気、笑えないエピソードである。凶悪な暴力団犯罪が続く福岡県を揶揄してインターネット上では「修羅の国」とまで。

　北九州市小倉で勤務。人情厚く、食材も新鮮、宿舎の前は整備された公園…。お世辞ではなく"住みやすい街"を実感。

　"風評被害"。当時、北九州市への企業進出や新たな事業展開も、厳しい暴力団情勢から敬遠気味とも聞いた。

　平成26年9月、福岡県警察は、全国で唯一の特定危険指定暴力団「五代目工藤會」に対する頂上作戦を開始。

　平成27、8年には「東京ガールズコレクション」が、平成28年5月にはG7伊勢志摩サミット関連の「G7北九州エネルギー大臣会合」が開催されるなど、地域にとって活気づく話題が徐々に。

　治安情勢が、時に、地域振興、地域浮揚に影響を与えること、"風評被害"をなくすための市民の切実な要望を実感。

第4章 雑感抄

ふ 福岡都市高速道路

　福岡都市高速道路（通称）太宰府線を福岡市内方向から太宰府方向に向け、「大野城」入口を過ぎた左側に大きな赤い球体が目に入る。特別注文家具の製造などを手がける会社の屋上。社長によると"昇りかけた太陽"をイメージ、「企業は永遠に未完成であり飛躍し続ける」との思いが込められているという。素材はテント地で、空気を注入して球体を保っているとのこと。台風が接近するときには、空気を抜いて、飛んで行くのを防いでいるそうだ。

　また、博多区「石堂大橋」交差点の真上の都市高速道路の橋桁の裏に"雲"と書かれた鉄板が取り付けられている。神様を乗せた「山笠」が、道路の下をくぐるのは差し障りがあるということが設置の理由らしい。

　さらに、道路脇の「ＡＨアジアハイウェイ１号線」の表示。アジアハイウェイとは、アジア32カ国を横断する全長14万キロにわたる高速道路で主に既存の道路網を活用している。2005年の政府間協定の発効を受け、国土交通省が東京～福岡をＡＨ－1に編入したものである。

　日ごろよく使う都市高速道路。話のネタはまだまだあるかも。

弁当の日

　子どもが自分で弁当を作ってくるという取組み。2001年、香川県（綾川町立）滝宮小学校　竹下和男校長（当時）が始めた。2013年1月時点で全国1,100校以上に広がっているという。

　大切なルールは、親が決して手伝わないこと。献立、買い出し、調理、弁当詰め、片付けまで全て子ども自身で行い、親は見守るだけ。出来具合を親も先生も批評も評価もしない。

　竹下校長が卒業生に送った詩にその意味が表されている。その一部を紹介する。「…食事を作ることの大切さが分かり、家族を有り難く思った人は優しい人です。手順よくできた人は、給料を貰える仕事に就いたときにも仕事の段取りのいい人です。食材が揃わなかったり、調理を失敗したりしたときに献立の変更ができた人は、工夫できる人です。…」

　少年非行防止大会で、九州大学・比良松道一先生の講演を聞いたのがきっかけで、佐藤剛史『すごい弁当力』（PHP文庫）を読んだ。当初、経済的に苦しい家庭の子は？　父親だけの家庭の子は？　などと懸念していたが、"子どもが変わる　家庭が変わる　社会が変わる"子育てを終えた今、早く知りたかった食育である。

第4章 雑感抄

防音効果

　自宅として高台にあるマンションを購入、夏に入居。眼下にＪＲ線が通るため、リビングのサッシ窓を開けていると、テレビの音が聞こえなくなる。防音のため、外付けサッシを取り付け、二重にすることとした。効果覿面、列車の通過音を気にすることなく、寛ぐことができるようになった。

　正月明けの休日のお昼過ぎ、エアコンを入れ、リビングで女房とＤＶＤを鑑賞。気が付かなかったが、映画の音声のわずかな静寂の時、遠くでサイレンの音がするのが聞こえた。徐に立ち上がり、二重サッシの窓越しに外を見ると、赤いはしご車が、緊急走行中。「マンション火災？」と火災情報ダイヤルを聞くと、我がマンションを含む住所の案内が。「まさか？」小走りにリビングを出て、玄関を開けてびっくり！　消防車が10数台、先ほどのはしご車も到着。階下から白煙が上がっている。リビングの女房に「うちのマンションが火事だ」と。幸い、鍋の空焚きということで、事なきを得たが、冷や汗が出た。

　静か過ぎるハイブリッド車の接近を歩行者に知らせる音に似て、防音効果と危険察知、両刃の剣というのは、大袈裟だろうか。

ほ 方言

　昭和56年、会社訪問のため、生まれて初めて「花の東京」に。周りをキョロキョロしていたら田舎者と思われる、荷物は肌身離さず持っておかないと盗まれるなど大都会の恐ろしさを散々吹き込まれての上京。東京駅に降り立ち、緊張感がマックスに。地下鉄に乗り換えるため駅の案内板を頼りにエスカレーターに。上下すれ違う際「なんばしよっとね。チョロチョロせんで　じっとしときんしゃい」博多弁で子どもを叱る女性の声。張り詰めていた心が、一瞬和み、「ふるさとの訛りなつかし停車場の　人ごみの中に　そを聴きにゆく」石川啄木の詩がふっと浮かんだ。

　単身赴任の東京生活で、他官庁の相手が同郷人、方言交じりで本音の話が出来た。ガード下の居酒屋での県人会、見ず知らずの同郷人と輪が広がった。

　時に、何だか馬鹿にされそうで、控え気味の方言だが、郷土愛を育み、大きな効用があることに改めて気付かされた。

　インターネット上の「出身地鑑定‼　方言チャート100」。東京女子大学・篠崎晃一教授らの手によるもの。方言に関する二択質問に答えていくだけで自分の出身地がずばり的中。参考まで。

第4章 雑感抄

防犯ボランティア

「自主防犯活動を行う地域住民・防犯ボランティア団体の活動状況について」(平成28年3月、警察庁)によると、全国の防犯ボランティア団体は、平成27年末現在で48,060団体、メンバー2,758,659名。10年前と比較して、それぞれ2.5倍、2.3倍に。同じく青色回転灯装備車(青パト)は、9,620団体、44,748台で10年前の6.6倍、10.8倍と飛躍的な伸びで、市民の防犯に対する意識の高まりを感じる。

平成14年以降、刑法犯認知件数は右肩下がりを続けており、警察による街頭警戒活動の強化とともにこれら防犯ボランティアによる自主防犯活動の推進が大きく寄与しているものと思う。

しかし、近年、防犯ボランティア団体もメンバーの高齢化、後継者の不在などの問題を抱えている。警察署内で防犯ボランティアメンバーのお一人が、「今日は防犯パトロール」「今日は交通立番」「今日は少年補導」…何役も兼任ということも珍しくない。

現役世代が活動に参加しやすい環境づくりが急がれる。そして、"無理せず、できることから"精神で、息の長い活動を望みたい。「自分たちの街は 自分たちで守る」を合言葉に。

ま
待ち時間

　信号が変わるまでの時間をランプで知らせる歩行者用信号機。待ち時間のイライラ解消や無理な横断による交通事故の防止に一役買っている。逆の例で、通勤中の列車が緊急停車、停車の理由や発車予定について何らアナウンスがなく、車内のイライラ感が次第に募っていく様子を経験したことも多い。

　「待ち時間」。平成25年6月にシチズンホールディングス株式会社がまとめた「ビジネスパーソンの『待ち時間』意識調査」がある。日常生活のイライラタイムを公共施設、日常生活などのパターン別に紹介、スーパーのレジ待ちでは3分以上などと。

　最近では、区役所でも「待ち人数」「待ち時間」の表示を見るようになった。「一応の目安を示す」ことが、イライラ解消の一つのポイントではないか。先の調査では、電話口で待たされる時間については30秒以上ともある。待たされる相手へのちょっとした配慮を心がけたいものだ。

　それにしても、"LINE"のメールのやりとりで、即行で「既読」にしないと仲間ハズレにという話を聞く。「メール＝手紙」だろう、「急ぐ用件なら電話しろよ」と言いたくなるのは私だけか。

第4章 雑感抄

見栄

　単身赴任、スーパーマーケットで買い物。米2kg、820円の特売品を手に取ろうとした瞬間、「署長さん」と女性の声。「新潟県魚沼産のこしひかり」1,480円を手に取る。また別の日、ビールを買いに。箱入りの発泡酒に目を止めたとき、「署長さん」と隣組長さんの声。「プレミアム」ビールの箱を手に。

　もとより、署長だから高い買い物をとは思わない。逆に、節約を心がけた生活であったが、他人様に"安物買いのしみったれ"と思われるのも嫌だ。「お宅の署長さんは…」と話題にされても困る、との反射的行動であった。

　高級百貨店での買い物ではあるまいし、スーパーに並ぶ商品で、見栄を張る、張らないはないだろうと、顔が赤くなる話である。

　とはいえ、"他人から見られている"という意識が、自らの行動にプレッシャーをかけるのは事実であろう。

　他人が見ていようが見ていまいが、信号は守る。朝のウォーキング、車の往来もなく、人の気配もない交差点。歩行者用信号機「赤」にじっと待つ。"ノブレス・オブリージュ"というには、甚だレベルの低い話か。

み 見守りカメラ

　女子大生用のマンションが多く、小学校の通学路にもなっている地区で、女性や子どもを狙った犯罪が増加傾向にあった。パトロールを強化するとともに市に対し、街頭防犯カメラの設置を働きかけた。署長として、市長に直談判もした。約1年がかりであったが、市長の英断もあり、101台の防犯カメラが通学路などに設置された。女性、子どもをはじめ地域を見守るという趣旨で「安全・安心見守りカメラ」と名付けた。

　防犯カメラ映像の捜査利用には「国民監視社会」につながるという批判もあるが、地域の方々は、犯罪の起きにくい環境対策として、一日も早い設置・運用を望んでくれた。

　今日、"逮捕の決め手は防犯カメラ"と犯罪捜査に有効であることは証明されている。もとより、映像の管理と利用に関するルールと設置を知らせて犯罪を未然に抑止するという観点も忘れてはならない。

　人事異動により運用開始の式典には出席できなかったが、今日も「安全・安心見守りカメラ」は、犯罪の発生を防ぎ、地域の人々の安全・安心を見守ってくれているものと信じている。

第4章 雑感抄

村おこし

　とんだ村おこしである。中国広東省博社村で武装警察など約3千人が覚せい剤製造拠点を急襲。村民182人を逮捕、覚せい剤3トン、原材料23トンを押収との報道。平成25年12月のことである。産業の不振と大量の失業者を背景に生まれた覚せい剤の製造販売産業で、村の2割以上の家庭が関与していたという。

　衝撃的なニュースだったが、所詮外国のことと忘れかけていたところ、"大麻村摘発"とのニュース。平成28年11月、長野県内の過疎地域の集落で大麻を所持していたとして27～64歳の男女22人が逮捕され、使用回数1万6千回分に当たる乾燥大麻約8キロを押収。22人は都市部などからの移住者で、大麻を栽培し、使用しながら交流を深めていたという。集落が、大麻乱用者が集まる地域になっていた可能性が高いとも言われている。

　かつて、オウム真理教が、山梨県上九一色村の教団施設サティアンでサリンを製造。平成7年3月20日、死者13名、重軽傷者約6,300名にのぼる地下鉄サリン事件を引き起こした。

　真の村おこしを支えるためにも、過疎地の安全・安心への警戒をおざなりにすることはできない。

届かぬメール…

現職警察官が逮捕された。夕刻、首席監察官による記者会見が終了し、補助者であった私も執務室へ帰る。どっと疲れが出る。

窓の外もすっかり暗くなった。携帯電話が鳴る。「(逮捕された警察官の)自宅を記者が訪れ、チャイムを鳴らしている。家族は、電気もつけず、肩を寄せ合って息を殺している」家宅捜索も終わった家の中で、妻と中学生の長男、小学生の次男の3人。「学校に行くのもつらいだろうな。そして、近所を歩くのもつらいだろうな」そんな思いがこみ上げてくる。

翌日、長男が、逮捕された父親あてにメールを打ったことを伝え聞いた。「お父さんへ。お母さんと弟のことは僕が守っていくから心配しないで」と。どん底に突き落とされたような苦しみの中、何と健気なことか。目頭が熱くなった。

しかし、メールの内容は父には届かない。逮捕留置され、携帯電話をはじめ所持金品は保管され、手元にはない。そのことを知らない長男。いたたまれない気持ちになる。

"愛する人を悲しませるな！！！"

第4章　雑感抄

もつ鍋

　警察庁勤務、宿舎は東京都文京区千駄木。文京区から台東区一帯の「谷根千(やねせん)」と呼ばれる谷中、根津、千駄木界隈。沢山の神社仏閣や旧跡、下町情緒が残るエリアでもある。

　単身赴任、休日の食事は原則自炊。近所のスーパーの棚に馴染みのもつ鍋スープが。「夕食はもつ鍋！」。スープ、ニラ、たまねぎ、人参…と具材を籠に。しかし、肝心の生もつが見当たらない。郷里の感覚で、近所の精肉店を頼りに会計を済ませ、「谷根千(やねせん)」を歩くこと2時間、店頭にない！　さらに30分歩いて上野駅周辺、アメ横を中心に探すがここも空振り。最早意地、「もつを求めて三千里」の気分。東京メトロに乗り17分、北千住へ。駅隣接のデパート地下の精肉売り場。「生のもつ、ありますか？」。店員さんが店主に確認、「100グラム720円」と。「高っ！」と思いつつ、結局200グラム購入。約4時間かけて手に入れたメインの食材、生もつ。その夜の鍋は、ことのほか美味だった。

　地域性も考えず、生もつはすぐに手に入るとの見込みの甘さを反省。そういえば、2年間、うどんとかしわのおにぎりの組み合わせにも出会えなかった。食文化の違い。

夜間視認性

　初夏の風物詩、ホタル。ゲンジボタルやヘイケボタルによる光の乱舞に感動する。まさに、天然のイルミネーション。光を出すのは、仲間に自分の居場所を知らせるためとも言われている。

　ところで、夜間、車を運転中、歩行者に気づき、ハッとすることがある。歩行者から車は良く見えていても、ドライバーから歩行者が見えているとは限らないということである。そして、夜間は、歩行者の服装によってもドライバーから歩行者が見える距離が違ってくる。

　車のヘッドライトを下向きにし、時速60ｋｍで走行したときの視認距離。黒や紺など黒っぽい服装では約26ｍ、白や黄色系統の明るい服装では38ｍ。そして、いわゆる反射材を着けている場合は約57ｍという（福岡県警察ウェブサイト）。

　乾いた路面を時速60ｋｍで走った場合の制動距離は約44ｍ、反射材を着けていれば、ドライバーが早く歩行者を見つけ、歩行者の手前で止まることができる計算となる。夜間の歩行者に反射材の着用を呼びかける所以である。

　"面倒くさがらず　光って安心　暗い夜道の安全歩行"

第4章 雑感抄

指差呼称

電車のホームで駅員さんが、ホーム下を指でなでるように指して「進路、よし！」「後方、よし！」と「指差呼称」。諸形態あるが、建設をはじめ産業界で広く行われている。旧国鉄の蒸気機関車の運転手が、信号確認で行っていた安全動作が起こりという。

人は、「うっかり」「ぼんやり」といった不注意や錯覚、そして省略行為といった心理的欠陥を持っている。危険を伴う作業などの要所で、注意力が最もよく働くレベルに上げ、緊張感や集中力を高める効果を狙った行為である。

その効果について。1994年、財団法人（現、公益財団法人）鉄道総合技術研究所が、操作ボタンの「押し間違いの発生率」に関する実験を実施。その結果、「指差と呼称ともになし」2.38％、「呼称のみ」1.00％、「指差のみ」0.75％、「指差と呼称」0.38％と、何もしない場合に比べ、約6分の1の発生率という結果であった（厚生労働省「職場の安全サイト」）。

何だか気恥ずかしい行為だが、単身赴任中やっていた。出勤前に「ガスの元栓、よし」「窓の施錠、よし」「ドアの鍵、よし」。そして、帰宅後、「（不在中に）女房の抜き打ち点検、なし」と……。

201

よど号ハイジャック事件

日本における最初のハイジャック事件。昭和45（1970）年3月31日、羽田発福岡行き日本航空351便（通称「よど号」）が極左暴力集団である共産主義者同盟赤軍派9人によってハイジャックされる。当該機は福岡空港に着陸、一部人質を解放後、北朝鮮へ飛び立った。また、平成元（1989）年12月16日には、ハイジャックされた中国民航機が、時間の徒過で燃料が枯渇する危険があったため、福岡空港に緊急着陸。犯人の中国人男性は、機体後部の非常口から、客室乗務員に突き落とされ、身柄を確保された。いずれも当地、福岡空港が舞台である。

現下の国際テロ情勢は非常に厳しく、日本を始め国際社会が様々な国際テロの脅威に対峙している。2020年の東京オリンピック・パラリンピックは、国際的にも極めて注目度の高い行事である。我が国は、開催国として治安責任を全うするため万全の警備措置を講じて、大会の安全・安心を確保する必要がある。

テロの未然防止には、警察による取組みだけでは十分でなく、国民の理解と協力を得て、官民一体となってテロ対策を推進することが不可欠。平成28年『警察白書』が特集で呼びかけている。

第4章 雑感抄

ライフプランセミナー

ライフプランセミナー、「55歳セミナー」に女房同伴で参加。退職後を見据えた生活設計など遠いこととして、ほぼ無頓着だった二人。いわば、お尻に火が付いた状態なのに（女房）「お父さんしっかり聞いて理解してよ」（私）「俺、数字に弱い。保険、年金とかよく分からない。そっちこそしっかり頼むよ」という始末。もっと早くから、関心を持ち、勉強しておけばよかったと後悔。

ホテル内の会場はほぼ満杯、夫婦連れもかなり多かった。保険制度や私的年金制度に関する説明、生涯生活設計に関する証券会社担当者と落語家などによるパネルセッションなど6時間。

昼食時間を過ぎ、午後の部に。午前中の緊張と満腹が手伝ってか、周りの奥さま方が、一人二人とコックリコックリ船を漕ぎ出した。私も睡魔に襲われそうになりながら、ペンを走らせていた。そのとき、講師が言ったある言葉に、俯き加減だった奥さま方が一斉に反応。目を見開き、正面を見据え、中にはペンを取るシーンが目に入った。女房の表情も、心なしかこの日一番の真剣さ。

その言葉、「もし、ご主人がお亡くなりになったときは」。

この光景、セミナーでの一番の収穫であった。

り 理容師と美容師

　美容室でカットを行う男性が増えているが、「美容室で男性カット」が解禁されたのは、ごく最近、平成27年7月のこと。

　法律で「理容」とは、頭髪の刈込、顔そり等の方法により容姿を整えること（理容師法）、「美容」とは、パーマネントウェーブ、結髪、化粧等の方法により容姿を美しくすること（美容師法）とされている。

　昭和49年頃、折からの男性の長髪ブームで、法律が想定していない「理容師による男性のパーマ」、「美容師による男性のカット」が問題となり、業界間で激しい論争となった。

　昭和53年、厚生省（現、厚生労働省）は、美容師は男性にカットだけのサービスを行ってはならない、理容師は女性にパーマを行ってはならない旨のルールを通知。

　しかし、時代とともにこのルールが実情にそぐわないものとなり、政府の規制改革会議の答申で規制が撤廃されることとなったのである（平成27年7月17日付、厚生労働省健康局長通知）。

　美容室での男性のヘアカットは法令違反？　実態に合わせた見直しが行われた、身近な一例である。

第4章 雑感抄

ルビ（ふりがな）

　名刺交換、「『いちのせ』さんですか」、「いいえ、『いちせ』です。」

　生まれてこの方、役所や病院の窓口などなど、まともに呼ばれたことは数えるほど。いちいち訂正するのも面倒で「はい」と返事、しかし、気分が良いものではない。社会人となり、名刺の名字にルビを振ることにした。「頭脳・能力なし」、『の（う）がない『いちせ』です」とも付け加える。

　人の姓名は、大切なもので、間違って読んでは失礼に当たる。しかし、難しい漢字の並びもあれば、例えば、中島さんのように「なかじま」「なかしま」と濁音の有り無し、ご本人に聞かなければ分からない場合も多い。

　さらに、最近の子どもさんの名前を見ると、その読みの困難性に拍車がかかっている。生命保険会社、出版社などが公表する人気名前ランキング。男の子、柊希（しゅうき）、颯（かける）、陽翔（はると）。女の子、心陽（こはる）、心桜（ここ）、和楓（ほのか）。親御さんが、いろいろな願いや思いをこめてつけられた名前。間違って読んではいけないと思うものの……。

　初対面での丁寧な披露、名刺でのルビなど、良好なコミュニケーションの出発点かもしれない。

レール(線路)

　計画中の九州新幹線長崎ルート(博多駅〜長崎駅)。JR在来線と新幹線のレールの両方を走行できるフリーゲージトレインの導入が検討されている。既存の在来線のレールを有効に活用できる。

　ところで、レールの幅(軌間)には、世界標準とされる標準軌(1,435 m)、それより広い広軌、狭い狭軌がある。ちなみに、JR新幹線と西日本鉄道(貝塚線を除く)は標準軌(1,435 m)、JR在来線は狭軌(1,067 m)。さらに、箱根登山鉄道には、小田急の電車(狭軌)と箱根登山鉄道の電車(標準軌)が走れるようにレールを3本敷いた三線軌と呼ばれる区間がある。

　また、砕石(バラスト)を敷いた上に枕木を置き、その上にレールを敷いたものをバラスト軌道、コンクリート板にレールを固定しているものをスラブ軌道という。前者は衝撃の吸収に優れるが、長く使うと枕木の位置がずれるので定期的なメンテナンスが必要となり、後者は、レールの位置がずれにくくメンテナンスが容易という。

　人生や仕事、敷かれたレール上を走るときでも、その幅に合わせたフリーゲージ、そしてレールを敷くときには、ずれにくくしっかりとしたスラブ軌道か?

第4章 雑感抄

レシピ

　レシピ。料理に使う食材、香辛料などの分量や料理手順などを詳細に書いたもの。料理本や２００万以上の品目を掲げるインターネットサイトやアプリもある。何と、「目玉焼き」のレシピも。

　料理男子、レシピを見ながら肉じゃがに挑戦。食材を準備、手順どおりに仕上げ、わくわくしながら、料理を口に運ぶ。ところが、イマイチ、女房が作ってくれる味ではない。「レシピどおりなのに……」、素人の振る舞いに期待することの方がおかしいことは分かってはいるものの……。

　牛肉とジャガイモを噛みながら、はたと気が付いた。「貴方好み」の"微妙な加減"が欠けているのでは。火加減、匙加減……。

　テレビなどで紹介される名料理人といわれる人は、客の好みはもちろんその日の気温など実に細かな気遣いに溢れている。

　レシピは、料理作りの一つの指標でしかない。「美味」と言われるためには、加減というアレンジが求められるのであろう。

　マニュアルが示された仕事についても、愚直に実践しなければならない場合と、ときに、市民の皆さん方を相手に、加減よろしく臨機応変な機転が求められる場合もあろう。

ロータリークラブ

　ロータリークラブの例会に呼ばれ、卓話として「管内の治安情勢」をお話しした。「ロータリークラブ」は、さまざまな職業を持つ人や市民リーダーが会員となり、その経験や知識を生かして社会奉仕活動や人道的活動を行っている。世界の三大奉仕団体の一つといわれ、他に、世界最大規模といわれる「ライオンズクラブ」、"世界の子どもに奉仕する"をモットーに活動する「キワニスクラブ」がある。公式サイトを通じても、クラブ間の違いはよく分からなかったが、それぞれのクラブの会員の皆さん方が、「奉仕」の精神でいろいろな活動に取り組まれていることを知ることができた。

　「奉仕」には、国家や社会のために私心を捨てて力を尽くすという意味がある。「すべて公務員は、全体の奉仕者であって、一部の奉仕者ではない」とは、憲法が規定する公務員の本質であり、「誇りと使命感を持って、国家と国民に奉仕すること」とは、国家公安委員会が定める我々が保持すべき「職務倫理の基本」の一つである。

　「奉仕」の精神、「世のため、人のため」という思いは、特に、治安の務めに当たる我々に対する、国民の信頼の源泉である。

第4章 雑感抄

割れ窓理論

　Broken Windows Theory。「建物の割れた窓をそのまま放っておくと、誰も注意を払っていないという象徴になり、やがて他の窓も全て壊される」。別の表現をすれば、公園や地域の清掃活動、落書きの消去作業などにより、身の回りの小さな乱れに早く対応すれば、将来発生し得る犯罪を未然に防ぐことができるという理論。アメリカの犯罪学者ジョージ・ケリングが考案した。

　1994年、治安回復を公約にアメリカ・ニューヨーク市長に当選したルドルフ・ジュリアーニ氏は、この理論を実践させ、1993年中の認知件数を5年後には、殺人67.5％、強盗54.2％、強姦27.4％と大幅に減少させた。

　日本でも、2001年、北海道警察札幌中央警察署が、割れ窓を駐車違反に置き換えて、歓楽街すすきのの環境浄化対策を行ったのをはじめ広がりを見せた。

　要は、悪い芽を小さなうちに摘み、良好な環境を維持すること。治安対策に限らず、東京ディズニーランドでは、施設内の小さな傷も見つけ次第、ペンキの塗り直しを行うことにより、従業員だけでなく来客のマナー向上にも役立っているという。

第5章

特別寄稿

3題

私が大切にしている10の格言

博多警察署長　藤林信康

　この度、特別寄稿の大役を依頼され、もとより文才もなく一瀬氏が評するような器でもなく、ほとほと困り果ててしまったが、逆に自分自身の警察人生を振り返るチャンスではないかと根拠のないプラス思考で筆を執ることとした。

　間もなく34年になろうとする警察人生の中で、その時折に恩師、上司から様々なご薫陶を受け、また心に残る名言に触れ、自分なりに少しでも成長できるよう戒めの言葉として大切にしてきた格言がいくつかある。それらを押し付けがましく、これまで定期会等で話をさせていただいたが、その中から10の言葉を紹介させていただく。

　いずれの言葉も受け売りではあるが、若干でも共感していただけるところがあれば幸甚である。

1 而今 (にこん)

　これは、私の大学時代からの恩師（今も崇拝してやまない）がよく言われていた言葉で、警察官になって改めて深い意味を知り、常に大切にしている言葉である。

　「過ぎ去った昨日、まだ来ない明日じゃなく今日一日を精一杯生きよう。もっというならば、今、この瞬間を大切にしよう」という意味である。

　そのためには、今何をすべきか、何ができるのかを真剣に考え取り組むことが大切である。そもそも曹洞宗開祖道元禅師の教えの中にある禅の言葉だそうだが、要は過ぎ去っ

第5章
特別寄稿3題

た過去のことにこだわり何時までもくよくよしたり、まだ来ない将来のことを心配して悩んだりするより、今のこの時を充実させて生き生きと生きるべきであるということだ。

同じ禅の言葉で、中国唐時代の雲門文偃禅師の「日々是好日」がある。

今日という日は二度と来ない、かけがえのない一日である。この一日を全身全霊で生きることができれば、まさに日日是れ好日となる。一日一日を精一杯生き、大切にしようということ。また、中国の思想家「荘子」の言葉に「将らず、迎えず、応じて而して蔵めず」というものがある。

過ぎ去ったことはくよくよ悔やんだりせず、先のことをあれこれ考えて取り越し苦労をしない。事があればそれに応じて適切な措置で最善を尽くして決断する。

その結果を淡々と受け止め、心に留めないということであり、いずれも「而今」に共通している。

2 六然

これも前記の恩師からの教えであるが、語源は中国の明時代に活躍した碩学・崔後渠（本名は崔銑）の著書である『聴松堂語鏡』の一節だそうだ。かつて、勝海舟や東洋思想の第一人者である安岡正篤も愛した格言らしい。

○ **自処超然**（自ら処すること超然）

とかく人間というものは自分がよく見られたいので、周

りからどう思われているかなど色々なことに囚われて心が複雑になり、執着したりするのであるが、そうではなく、自分を処するにあたっては、一段高いところから見下ろして何事にも囚われず、超越している感じでなければならない。

○ **処人藹然**（人に処すること藹然）

人に対しては、藹然、つまり春風のようにおだやかに、なごやかな態度で接することが大切である。まさに、「春風を以って人に接し、秋霜を以って自らを粛しむ」ということである。

○ **有事斬然**（有事のときには斬然）

何か事（問題）がある時は、狼狽えたり、うじうじしたりすることなく、毅然として活気があって、勇断をもって望むことが大切である。

○ **無事澄然**（無事のときには澄然）

何もない時は、漫然とすることなく雑念を払い、有事に備えて氷のように澄み切った状態でいることが大切である。

○ **得意澹然**（得意のときには澹然）

「澹」は淡と同意語である。得意の時は、いい気になって、どうかすると威張り散らしたり、驕ったりしがちであるが、そうではなく、まだまだ足りないという謙虚さをもつことが大切である。

○ **失意泰然**（失意のときには泰然）

失意の時には、ばたばたしたり、落ち込んでしまうこと

第 5 章
特別寄稿 3 題

なく、やせ我慢でもいいから、ゆったりと落ち着いていることが大切である。

3 六中観(りくちゅうかん)

これも前述した恩師からの教えであるが、語源は東洋思想の第一人者である安岡正篤がまとめた「百朝集」という本の中の言葉だそうだ。

安岡正篤は、今の「平成」という元号を考案された人で、終戦時、昭和天皇の玉音放送の詔勅に筆を入れた方でもある。吉田茂以降の内閣総理大臣の指南役を長く務め、昭和58年12月13日に亡くなられた時の葬儀の指名焼香の際には、「内閣総理大臣経験者の方々、どうぞ」と、個人の名前では呼ばれない多くの総理大臣経験者が焼香したそうだ。

「百朝集」とは、終戦直前の爆撃が激しくなって日本が騒然としていた頃、安岡先生が日本の指導者を育成するために創設した「金鶏学院」において、毎朝、皆を集めて先人の教えを紹介して解説をし、そんな日が百日以上続いて終戦した時に、それを筆記していた者が後になって、ちょうど百朝になるので、それをまとめた訓育集である。

○ 忙中有閑 (忙中につかんだ閑こそ本当の閑である)

本当の「閑」は本当の忙しさの中でこそ生まれる。そして、暇ができたらやろうなどと思っていてもなかなかできないので、忙しさの中に、いかにして暇を作り、心にゆとりを

持つかを心がけることが大切である。

○ **苦中有楽（本当の楽しみは苦しみの中にある）**

つらい、苦しい思いをして成し得たときに、真の達成感、満足感を味わえるということだ。苦しい中にあっても楽しみを創って、心の余裕を持たなければならない。

○ **死中有活（死ぬしかないと思えば、命以外のすべてを捨てよ）**

一身を犠牲にする覚悟があって、初めて窮地を脱し、活路を見い出すことができる。死ぬ気になって道を開こうと努力すれば、開けない道はない。どうしようもない状態が続くと、人間は諦めたり、逃げ出したくなるものであるが、「背水の陣」、「火事場の馬鹿力」といわれるように、追い込まれることによって通常の力以上の能力が発揮される。

○ **壺中有天（本業以外に打ち込めるものを持て）**

中国の故事「壺中の天」の話で、日常の生活の中にもう一つの別世界を持つことをいう。

人間はどんな境遇にあろうとも、自分だけの壺中の天を創り得るものである。苦難にあっても、心に余裕を持って生きていく時間、夢中に生きている時間が「壺中に天あり」である。

○ **意中有人（いつも自分の心の中に尊敬できる人、大切な人を持て）**

常に心の中に、自分が尊敬できる人がいて、その人のようになろう、近づこうと努力すること自体が、人としての修養になるという教えである。

第5章
特別寄稿3題

　また、困ったときに何でも相談できる人、頼れる人を持つということも大事である。尊敬できる人を心の師とし、人生を語り合うにはあの友、困ったとき、悩みを相談したいときはあの友のように、日頃から意中の人を射止めておくことが大事である。

○　腹中有書（腹の中にずっしりした人生哲学や信念を持て）

　ここで言う「書」とは、断片的な知識ではなく、心の中に確固としたゆるぎない信念や人生観、哲学を持っているということである。

　人は腹の中にしっかりとした人間としての徳を磨くことが大事である。

　哲学と言うと何か堅苦しく考えるかもしれないが、要は自分の人生を如何に生きるかということを真剣に考えることが大切である。

4 幹部は感性が大事

　これは、私が警察庁に出向していた時、当時の田中節夫警察庁長官から頂いたご薫陶である。

　話は脱線するが、私の警察人生の中で、「工藤會頂上作戦」と並んで忘れられない経験が警察庁長官官房総務課国会連絡係勤務を通じて「警察改革を目の当たりにした」ということである。

　警察改革の詳細は省略するが、私はいまでも警察改革は

国会から始まったと思っている。平成11年秋の第146回臨時国会で神奈川県警の3つの事案が、そして平成12年春の第147回通常国会で新潟事案、桶川事案、石橋事案が相次いで厳しく糾弾された。

特に、第147回通常国会は連日、複数の委員会（最高で1日8つの委員会）で集中質問を受け、田中警察庁長官の答弁が600回を超え、1日で最高100回以上答弁されるなど、過去に例のない（通常、長官が国会答弁をされるのは年間を通じてあるかないか程度である）国会対応となった。

その間にも、警察刷新会議の発足、そして同会議からの「警察改革に関する緊急提言」の提出及びそれを受けての警察改革要綱の決定と改正警察法の成立まで、まさにお膝元の総務課においてそのすべてを目の当たりにし、疾風怒濤の渦中で貴重な勤務をすることができたことはこの上ない幸運（？）である。

ほぼ1年間、最終電車帰りかそれ以上に朝方のタクシー帰りで着替えだけをしてタクシー出勤の毎日だった。一睡もできない徹夜も多く、3日連続徹夜の時は意識を失った。当時の勤務が、いかなることにも耐えうる強靭な精神力の醸成となり、今日の私の礎となっている。

当時の直属の上司が先の本県警察の吉田尚正本部長であり、総務課長が後の片桐裕第23代警察庁長官、総括審議官が後の吉村博人第21代警察庁長官、そして当時の第18

第5章
特別寄稿3題

代警察庁長官が田中節夫長官である。

　私が警察庁での任期を終え帰県する前に、国会担当の送別会を催して頂き、その時、田中長官から慰労のお言葉と共に「藤林さん、これからの警察幹部には感性が求められますよ。何が起こるか予想もできない。何か起きた時にどうするのか。その考えとか行動の基本になるのが感性です。是非感性を磨いて下さい。過去の経験に捉われることなく、日々の現象面においていろんな変化や兆しを見出す努力を積み重ねることが大事です。感性のひとつの例として、『氷が溶けたら何になるか』と聞かれて『水になる』と答えたのでは駄目です。感性を磨いた幹部なら『春になる』と答えるべきです」と言われた。当時は、よく理解できず、いまでも腑に落ちていないが、要は、物の見方を広くしなさい、深くしなさい、冷静に全体を俯瞰する目を持ち、「木を見て森を見ず」にならないようにしなさいということだろうと理解している。

　余談だが、その後に「奥さんを大事にしなさいよ、私も家内に支えられて難局を乗り切れた」と言われたことは忠実に守っているつもり（？）である。

5 うしろ姿

　元内務省官僚で詩人でもあった安積得也の詩集『一人のために』（善本社）の中の一詩であり、私が警視試験に合

格した時に初任科時代の担任教官から頂いた額に入った色紙の言葉である。

「語る人貴し　語るとも知らで　からだで語る人　さらに貴し
　導く人貴し　導くとも知らで　うしろ姿で導く人　さらに貴し」

　口先ではなく行動で、後ろ姿で部下を育てなさいという教えだろうが、この詩を頂いた時に昔のある上司からの教えを思い出した。
　それは、私が管区機動隊大隊長伝令から巡査部長試験に合格した時に当時の第一中隊長から言われた「階級が上がったからといって偉くなったとゆめゆめ思うなよ。階級は努力したご褒美に頂けるものであって、自身の能力が急に上がったわけではない。むしろ、その階級にふさわしい人間になれるよう更なる努力が必要だ」ということである。いずれも、階級社会の警察組織の中にあって立場と責任を痛感させられる戒めである。

6 水五則

　豊臣秀吉を天下人に押し上げた戦国随一の天才軍師と言われた黒田官兵衛の人生訓と言われている。福岡と縁の深い黒田官兵衛が隠居後に号した「如水」の二文字には、読んで字の如く、「常に、水のように在りたい」との想いが託

第 5 章
特別寄稿 3 題

されている。この五つの人生訓の中の「水」の字を「人」に変えて読めば、困難にぶつかったり、悩んだときの道標となる。

一つ、自ら活動して他を動かしむるは水なり

まずは自ら動け、率先垂範せよということ。そうすることによって一つの流れができれば、後は自然と流れていくのは水も人も物事も同じである。

自分はなにもせず、「あーしろ、こーしろ」と指示を出しているだけでは人は動かない。自らが範を示せばその行動が原動力となり、押し流されるように周囲は必ずついてくるものだ。

一つ、常に己の進路を求めて止まざるは水なり

水はどんな環境の中でもその流れを止めることなく動いていく。人も常に進むべき道、とるべき方法を自ら悩み、考え、そして向かう方向、やるべきことが決まったならば立ち止まることなく、それに向けて前進あるのみだ。

一つ、障害にあい激しくその勢力を百倍し得るは水なり

順調だった流れも時に滞ったり、障害に遮られて容易に前進もできないこともある。しかし、ここは我慢と耐える、あるいは何か善後策はないかと知恵を絞る、そうするとやがて今までとは比べものにならないほどの力が湧いてくるものである。何事も簡単に諦めず、失敗、挫折、苦悩を乗り越えてこそ、人はたくましく成長できるのだ。

ダムは、壁に遮られてもその力を満々と内に蓄え、蓄積された力があるからこそ、解放されたときに巨大なエネルギーを発揮できる。

**　一つ、自ら潔うして他の汚れを洗い清濁併せ容るるは水なり**

　どんな澄んだ水にも汚れが混じることがある。清流と濁流が一つの流れになるのは当然である。様々な価値観、異分子を排除せず、清濁併せ呑み、共に一つの大きな目的に向かって集約していくような、そんな度量がなければリーダーたる資格はない。

**　一つ、洋々として大洋を充たし発しては蒸気となり雲となり雨となり雪と変じ霰と化し凝しては玲瓏たる鏡となりたえるも其性を失わざるは水なり**

　最後に、時と場所、置かれた環境によって水は姿を変える。だが、形が変わっても水は水のままだ。その本質を失うことはない。人もまた、変化には柔軟に対応しなければならないが確固としてぶれない軸、「人間の芯」を持っていなければならない。

7 心訓十戒

　作者は諸説いろいろあって不明のようであるが、一説によると、大正・昭和の社会教育家で、倫理研究所初代理事長の丸山俊雄の手によるものとも言われている。

第5章
特別寄稿3題

① 人を大切にする人は、人から大切にされる。

「情けは人のためならず」であり、人を大切にすることは、いずれ巡って自分に返ってくる。

② 人間関係は相手の長所と付き合うものだ。

とかく相手の短所や欠点の方が目につきすぎて拒絶反応を起しやすいが、誰にでも長所はあるので、それを見つけて（気付いて）尊重するように心がけよう。

③ 人は何をしてもらうかより何が人に出来るかが大切である。

仏教で親鸞聖人の教えに「知恩・感恩・報恩」ということがあり、古来より、人は恩を知り（知恩）、心より感じ（感恩）、それに報いなければいけない（報恩）と説かれている。「報恩感謝」の気持を忘れず、自分から相手が助かる、喜ぶようなことを見つけて実行することが大切である。

④ 仕事では頭を使い、人間関係では心を使え。

現東京地検検事正の八木宏幸さんが、東京地検特捜部長着任時の会見の中で「私の好きな言葉」として「物を動かすのでさえ手を添えなければならない。まして、人を動かすには、心を添えなければいけない」ということを紹介された。

また、明治安田生命保険相互会社の根岸秋男社長が「有情活理」を座右の銘に掲げ、「どんなに理屈が正しくても、"情"がなければ人は動かない。情が有ることで理は"活き

る"のだ。理屈と情のバランスを大切にしたい」とおっしゃっている。

　人間関係では、「心を添える」、「情を大切にする」ということが大切であり、それがなければパワハラになることが多い。

⑤　**挨拶はされるものではなく、するものである。**

　挨拶をされて嫌な気持ちになる人はいないと思う。また、自分から挨拶して、返事が返ってくると嬉しいものである。朝夕の出退時は、自分から出来るだけ大きな声で元気よく挨拶しよう。

⑥　**仕事は言われてするものではなく、探してするものである。**

　要は問題意識があるかどうか。何のために、今何をしなければならないのかという気持ちがあれば、自ずと答えは出てくる。言われたことを何の問題意識も持たず、ただ漫然と機械的にやるのと、先を読んで自分で創意工夫をしてやるのとでは雲泥の差が出てくる。

⑦　**分かるだけが勉強ではない、出来ることが勉強だ。**

　知っている、分かっているだけではだめ。それを活かしていかに実践するかが重要。逆に理論武装出来ていない執行力でもだめ。

⑧　**美人より美心。**

　見た目より中身が大事ということ。

⑨ **言葉で語るな、心で語れ。**

4番目の「人間関係では心を使え」に共通するもの。

⑩ **良い人生は、良い準備から始まる。**

京セラの創業者・稲盛和夫さんも著書『生き方』(サンマーク出版)の中で、「思い（夢）を実現させる」ためには、「まずこうありたい、こうあるべきだと誰よりも強く思い続けることが大切であり、その成就（成功）をイメージして、あらゆるリスクを想定した上で細心の計画と準備をして、諦めずに一生懸命努力をすれば、成功しかあり得ない」と言っている。

8 不易流行

私が組織犯罪対策課長に赴任する前から、課長室の入り口のキャビネットに「不易流行」という文字が掲げられていた。たぶん、3代前の中山課長が掲げたのではないかと思うが、「不易流行」は、松尾芭蕉が「奥の細道」の旅の間に体得した概念である。「不易を知らざれば基立ちがたく、流行を知らざれば風新たならず」即ち「不変の真理を知らなければ基礎が確立せず、変化を知らなければ新たな進展がない」。しかも、「その本は一つなり」即ち「両者の根本は一つ」であるというものである。

不易流行とは、いつまでも変化しない本質的なものを忘れない中にも新しく変化を重ねているものを取り入れてい

くこと。また、新味を求めて変化を重ねていく流行性こそが不易の本質であること。

「不易」とは、いつまでも変わらないこと。即ち、どんなに世の中が変化し状況が変わっても絶対に変わらないもの、変えてはいけないもの。

「流行」とは、変わるもの。社会や状況の変化に従ってどんどん変わっていくもの、あるいは変えていかなければならないもの。

今の激動の時代、目先の価値観にとらわれ、短絡的に実用的なものを求めがちであるが、このような時期だからこそ「不易流行」の意味をじっくり考えてみたいものである。

9 凡事徹底

私が警察庁出向時の上司で、後の本県警察第36代本部長の吉田尚正本部長がよく言われていた四字熟語。元々は松下幸之助さんの言葉という説もあるが、ある辞書によると「なんでもないような当たり前のことを徹底的に行うこと。または、当たり前のことを極めて他人の追随を許さないことなども意味する」とある。

そこで思い出すのが、イチロー選手の名言「小さなことを重ねることが、とんでもない所に行くただひとつの道」である。そして、その結果が、リオ2016オリンピック・パラリンピックの前にトヨタのコマーシャルで流れていた

第5章
特別寄稿3題

4人のトップアスリート達の「イチローが嫌いだ」メッセージだ。

○「イチローが嫌いだ。あの人を見ていると限界という言葉が言い訳みたいに聞こえるから」〜競泳の一ノ瀬メイ選手

○「イチローが嫌いだ。あの人を見ていると自分にうそがつけなくなるから」〜車椅子テニスの三木拓也選手

○「イチローが嫌いだ。あの人を見ていると努力すら楽しまなきゃいけない気がするから」〜走り幅跳びの芦田創選手

○「イチローが嫌いだ。あの人を見ているとどんな逆境もチャンスに見えてくるから」〜棒高跳びの山本聖途選手

そして最後に、「でも、同じ人間のはずだ」と続く。自分にもできるはずだという強い意志が窺える。

つまり、常に上を目指し、努力し続けることでしか何かを成し遂げることはできないのだろう。吉田本部長が言われた「凡事徹底のできる人が本当のプロである」が身にしみる。

10 人生・仕事の結果＝考え方×熱意×能力

これは、前述の稲盛和夫さんの著書『生き方』（サンマーク出版）の中に書かれている人生訓。

この方程式の凄いところは、足し算ではない掛け算だということ。どれかが0点ならすべて0点になる。

能力：才能や運動神経などのことで、多分に先天的な資質。

熱意：事をなそうとする情熱や努力する心のことで、これは自分の意志でコントロールできる後天的な要素。

　最も大事なのは「考え方」。これ次第で人生が決まってしまうといっても過言ではない。考え方とは、いわば心のあり方や生きる姿勢、もっというなら哲学、理念や思想などを含む。この考え方がマイナス思考なら掛け算をするとマイナスにしかならない。能力と熱意に恵まれながらも考え方の方向が間違っていると、それだけでネガティブな結果を招いてしまう。

　やはり考え方は、前向き、プラス思考の方が良いのでは。

　振り返ると、あっという間の34年間。曲がりなりにも警察官として悔いなく、充実した日々を送ってこられたと自負している。それも全て周りのおかげである。家族、職場の上司・同僚・後輩、職場を離れた恩師、友人など、常に自分は支えられ、励まされ、ある時は厳しく指導され、まさに「生かされてきた」と思う。そして、その傍らにいつも勇気と元気をいただける「言葉」があった。

　その言葉を自分なりに解釈し、理想とする座標軸としてきた。到底その域には及んではいないが、心の拠り所にはなっている。

　最後に、この度、このような機会を与えていただいた一瀬氏に心から拝謝する。

工藤會頂上作戦での捜査指揮

南警察署長　尾上芳信

はじめに

平成26年9月11日、福岡県警察は、全国で唯一の特定危険指定暴力団五代目工藤會のトップである総裁を殺人等で逮捕、同會に対する頂上作戦を開始し、総勢約3,800人体制の「工藤會関連事件特別捜査本部」を設置した。私が、北九州地区暴力団犯罪捜査課長として着任して1年6カ月後のことであり、3年間、同ポストで捜査指揮を執ることとなった。

現在、警察署長の職にあるが、当時のさまざまな出来事は、警察官、捜査指揮官、そして人間として、本当に多くのことを学ばせてくれた。また、貴重な財産をも与えてくれた。

今回、当時の上司であった一瀬生活安全部長から、捜査指揮官としてのあり方など、自らの経験談を寄稿してくれとの依頼を受け、快諾（実は、渋々）し、当時の捜査指揮に纏わる雑感の一部を記すこととした。

本稿が、これから捜査指揮を執られる方々にとって、いささかでも参考となれば幸いである。なお、意見にわたる部分は、私見である。

1 成功への道はPDCAサイクル

仕事の進め方のポイントとして「PDCAサイクルを回す」と言われる。捜査指揮においても、PLAN（計画）、DO（実行）、CHECK（評価）、ACTION（改善）のサイクルを回すことは、

非常に重要である。

五代目工藤會(以下「工藤會」と略す)の壊滅に向けては、その組織実態を明らかにし、事件の背景事情を理解することが必要不可欠であり、「計画」を立てる上において、十分な分析が求められる。

工藤會は、自らの組織、いや一部の上層部の利益のためには、殺人をもいとわない指定暴力団の中でも特に凶暴・凶悪で、全国唯一の特定危険指定暴力団に指定された組織であり、外部、内部に対して恐怖によって支配統制されているという特質を有している。

したがって、被害関係者(外部)も同會からの報復を恐れて捜査に協力しない、組織内(内部)は鉄の結束で強固な組織となっていた。

そこで、「計画」を「実行」に移すためには、その特質を踏まえた戦略・戦術を立て、情勢の変化や捜査の進捗状況を見極めて「評価」、更に捜査方針を変更・修正「改善」する柔軟性が求められた。

今回の頂上作戦においては、戦略として、その名のとおり工藤會トップ以下上層部を逮捕し、指揮命令系統を遮断、混乱させる、次に、連続的にテロとも言える凶悪な事件を起こしている実行犯を一網打尽に逮捕するという大綱方針を立てた。

具体的には、工藤會トップの総裁が、同會の実権を握っ

第5章
特別寄稿3題

て以降に発生している組織的な殺人・同未遂事件のうち未解決となっている事件を分析した上、比較的、証拠上立件可能と思われる事件を抽出し、それぞれの特別捜査班長（以下、「特捜班長」と略す）に担当させ、刑事のプライドを持って競わせ、捜査の進捗によって、着手の順序を変更し、後発の班は着手する班の応援に当たらせることとした。

2 関係機関との連携

　関係機関との連携は、言い尽くされた言葉であるが、工藤會に対する捜査を進めるにあたり、その必要性について改めて痛感させられた。特に、検察庁との連携である。

　頂上作戦を成功させるためには、逮捕すれば終わりというわけではなく、必ず起訴に持ち込み、裁判でも有罪を勝ち取り、工藤會のトップらを長期間社会から隔離しなければならない。けだし、報復として、更に多くの市民が犠牲になりかねないからである。そのためには、公訴権を持つ検察庁との連携は、不可欠である。

　そこで、検察庁に工藤會の悪質性・危険性と同會に対する取り締まりの必要性・緊急性を理解していただき、警察と同じベクトルで捜査に当たってもらう、同じ危機感を共有してもらうことが重要であった。

　しかも、工藤會に対する頂上作戦ともなれば、管轄の福岡地方検察庁小倉支部のみならず、福岡地方検察庁本庁、

福岡高等検察庁、最高検察庁までの了解が必要となる。

したがって、地検・高検との間で、繰り返し協議会を開催するとともに、最高検に対しては、上京し、時の警察本部長、暴力団対策部長と共に工藤會対策の必要性等について十分な理解をいただくなど検察庁との連携強化に努めた。

その結果、警察・検察が一体となった捜査の展開が出来、相応の結果が生まれたものと思っている。当時の検察関係者とは、同じ目的に向かって戦った「戦友」として今でも交流が続いている。

3 所属長としての役割

私は、そもそも組織には"階級に応じた仕事がある"と思っていた。また、"部下を信頼することと部下任せは異なる"、とよく言われている。

工藤會によると見られる一連の事件は、背景・動機を同じくし、あるいは関連して発生していると認められたことから、一つ一つの事件を単体で捉えるのではなく、一連の事件を関連事件として、その全体像を掌握する捜査指揮官が必要であった。言わば、点ではなく、線として見る指揮官である。

しかしながら、現実は、それぞれの特捜班長は、個別事件を担当し、その解決に向けた捜査指揮に全精力を注いでおり、とても他の班長が担当している事件までをも把握し

て、一連の事件の全体像を把握するというわけにはいかないのが実情である。複数いる管理官においても然りである。

そこで、必然的に、課長である私が一連の事件を掌握し、地検の暴力団担当検事と話が出来、同じ証拠を認識共有し、相互に連携を図る関係を構築するとともに、地検幹部との折衝についても、警察本部長、暴力団対策部長、同副部長と共にそれぞれの立場で協議、連携を図る必要があった。

すなわち、個別事件の具体的指揮は特捜班長を信頼し、委ねるとしても、頂上作戦としての戦略・戦術は、組織的に構築した上で、一連の事件の総指揮を部下任せではなく私が行った。課長という役職でしか出来ないことは部下任せにせず、自らが行ったということである。

4 奇想天外な戦略戦術

警察業務においても、「不易流行」という言葉がよく使われる。その意味は、いつまでも変化しない本質的なものを忘れない中にも、新しく変化を重ねているものを取り入れていくことと理解している。

捜査において「不易」とは、捜査の基本・王道であり、「流行」とは、捜査の基本・王道に加えて、新しい捜査手法を取り入れることと言える。

これまで、他人が成し得なかったことをやるときには、先人がやったことを真似るだけでは、目的は達成できない。

そこには、たとえ人からそれは無理と言われようが、捜査のセオリーに反すると言われようが、先例がないと言われようが、それが、被疑者を捕まえるための証拠の上積みになるのであればやってみるという姿勢が必要である。もちろん、その捜査手法が合法の範囲内であることは言うまでもないが。

先例は、誰かが最初にやらなければ、先例とはならない。取り返しのつかない失敗は避けなければならないが、そうでなければとにかくやってみる、効果がなくて元々、あれば、儲けものくらいに思えばよいと思う。

その奇想天外な発想力と実行力がなければ、とても、工藤會に対する頂上作戦の相応の成果は生まれていない。とにかく知恵を出すことだ。

奇想天外？その一例を紹介する。

（1）トップをまず最初に逮捕

これまで、暴力団による組織的殺人事件の捜査において、実行犯や現場指示者の供述なくして、指定暴力団のトップを共謀共同正犯で逮捕したことは皆無である。

そのような中、一筋の光明が差す判決が出され、私はこれで行けると確信した。

それは、第1審では無罪判決が出されていた「指定暴力団六代目山口組傘下組織に対する組織的な犯罪の処罰及び犯罪の収益の規制等に関する法律違反事件」の控訴審判決

第5章
特別寄稿3題

（大阪高等裁判所、平成26年1月17日）である。

その内容は、「本件犯行が、会の指揮命令系統に従って組織的に遂行されたものであることを考え併せると、直属の配下や下部組織の組員に対して絶対的支配力を有する会長である被告人の指揮命令に基づかずに行われたということは極めて不自然であって、通常あり得ないこと」等であり、暴力団組織の組織的犯行について、トップの指示命令なくして実行できないと判示し、配下組員が犯した犯罪につき、そのトップらを有罪とした、画期的な判決である。

工藤會によると見られる一連の事件を、この判決に当てはめた立証に努めた結果、工藤會のトップである総裁らを逮捕することが出来た。

当時を振り返ると、「トップを取る（逮捕する）」と言うと県警内部でさえも、「組員が絶対自供しない中、そんなことできるのか」という声が大半であり、「出来るんだったら、先人たちがとっくにやっていた」とまで言われたものである。他方、逮捕当時、工藤會トップは、20日で釈放されると豪語していたが、結果、一連の頂上作戦で、都合6回逮捕・起訴されている。しかも殺人（未遂）で指定暴力団のトップが起訴されたのは、全国初である。

(2) ヘルメット、目出し帽でも同一人物鑑定

これまで工藤會は、ヘルメットや目出し帽を被っていれば、たとえ防犯カメラに映ったとしても現行犯でもない限

り捕まらないと高を括り、白昼堂々と事件を起こしていた。

そこで、たとえヘルメットや目出し帽を被っていたとしても、今の科学技術を駆使すれば、被疑者の特定につながるのではないかと、時の暴力団対策部長の強い熱意もあり、全国の大学や民間の鑑定機関を調べることとなった。

その結果、特別捜査本部の要望に応え得る複数の大学や民間の鑑定機関があることが分かり、ヘルメットや目出し帽を被っていたとしても骨格や身体特徴、身体関節長などから同一人物との鑑定を導き出すことに成功した。また、民間の鑑定機関では、車両の同一鑑定を行い、これも犯人検挙に寄与した。

これで工藤會の目論見が崩れることとなった。今では、警察署レベルの事件捜査でも被疑者・被疑車両の特定に活用している。

(3) 事前準備の徹底が被疑者を落とすカギ

ヘルメットや目出し帽での被疑者の同一人物鑑定のためには、まず、身体検査令状により被疑者自身を現場に立たせ、あるいは身体測定を実施し、防犯カメラ画像との照合を行う必要がある。

これまで、被疑者を逮捕する前に捜査の手の内を明かしたくない、あるいは捜査を察知され証拠隠滅につながるなどという理由から、逮捕前の捜索差押えや身体検査令状の執行を控えていたというのが実情であった。

しかし、工藤會による犯行であることは明らかであり、証拠隠滅しようとする者は犯行直後に行っており、逮捕状の発付を得るためには、相当な理由の証拠が必要で、逮捕前に検察庁に納得、ゴーサインを貰うためにも証拠の上積みが必要であった。

また、令状により、この捜査を行えば、被疑者は「警察は既に自分が実行犯であることを立証（裁判所の令状が出ていることから）している」と考えるようになり、事実、被疑者によっては、逮捕前から親しい友人に「自分はもう終わりだ」と漏らしていた者もいて、取調べの有効な武器にもなる。

（4）責任者は、ガサ現場に必ずICレコーダーを所持

ガサ現場では、取調べと違って、組員も不用意に色々なことを話してしまう。例えその会話が証拠化できなかったとしても、事後の捜査に有効活用できることが多々ある。また、そのためには、会話を引き出す事前の打ち合わせが重要である。

（5）捜索差押許可状（ガサ状）にあえて犯罪事実を添付

本県においては、捜索差押許可状に犯罪事実は添付しないという運用がなされている。しかしながら、頂上作戦において（向けて）は、あえて、トップとの共謀共同正犯をうたった犯罪事実を添付して執行した。執行を受ける相手方に、警察は既にトップの関与を認定していることを分か

らしめるためである。また、その後の取調べでの実行犯らの動揺も誘った。

(6) 伝聞証拠でも諦めるな

伝聞証拠とは、平たく言うと公判廷外での供述、つまり反対尋問を受けていない供述、また、他の者の供述を内容とする供述(又聞き)である。

原則、又聞きは、例えば、目撃者からその状況を聞いた証言者は、公判において、目撃者の供述に誤りがないかを反対尋問することが出来ないことから伝聞供述は、原則排斥される。

しかし、これは、あくまでも原則規定であり、例外がある。それぞれ、裁判官、検察官、警察官面前で条件が異なるが、供述者が死亡・身心故障・所在不明・国外滞在により、公判期日・公判準備期日に供述できないときは(供述不能)、例外的に伝聞供述であっても証拠能力が認められている。

そこで、考えなければならないのは、古い事件で、その当時(捜査中あるいは公判中)は、伝聞証拠排斥の原則により、証拠として認められなかった供述でも、その後、供述者が死亡したことによって、その者の当時の供述調書が証拠採用されたり、あるいは、目撃者自身が死亡したことにより、伝聞の証言者の供述が証拠採用されることがあるということである。

したがって、過去の事件については、その点も踏まえた

捜査指揮が求められる。

　ちなみに、工藤會事件においては、ある事件関係者が呪われたかのように次々と病死し、証拠化に成功している。

（7）終結事件でも諦めるな〜同一事実での再逮捕、再起
　　（不起訴事案の起訴）

　同一事実についての逮捕・勾留は原則として一回である。明文はないが、同一事実で再逮捕、再勾留を無条件に認めれば、逮捕の留置期間、勾留期限の制限は無に帰してしまい、人権保障は危うくなるため承認されていない。しかし、例外はあり、

① 　新証拠や逃亡・罪証隠滅の虞れ等の新事情の出現により再捜査の必要があり

② 　犯罪の重大性その他の諸般の事情から、被疑者の利益と対比してもやむを得ない場合であって

③ 　逮捕の不当な蒸し返しといえないとき

は、ある程度、緩やかに再逮捕が許される。

　また、不起訴事案は、再び捜査、起訴するということは法律で禁じられてはいない。

　したがって、不起訴事案であっても、例えば、被疑者が被害者へ攻撃的なことをしているなどの特殊事情がある場合、再起が行われることがある。

　刑事の嫌いとして、自分が在任中に発生した事件は力が入るが、過去の事件、しかも実行犯が有罪確定となった事

件、あるいは指示者は逮捕されたが不起訴となった事件等に、改めて力を注ごうという意欲がわかない。

しかし、決して諦めてはいけない。時代の経過と共に情勢は変わり、新証拠が発見されることが多々あるからである。前述のとおり、関係者死亡により伝聞供述が証拠化される場合もある。

3年間の課長在任中、2件の再起事件（平成10年発生の元漁業組合長射殺事件と平成20年発生の五代目工藤會理事長代行等による拳銃使用殺人事件）を指揮し、現在の南警察署長に赴任後も重傷ひき逃げ事件1件を再起していただいた。

(8) 上下離反を狙え～鉄の結束の崩壊

工藤會の強みが、鉄の結束であることは、前述のとおりである。ならば、そこを崩壊させないと、事件解決はままならない。

したがって、逮捕した被疑者に自分の犯したことのみならず、他の共犯者、指示者についても供述させ、この鉄の結束を崩壊させなければならない。

では、どうするか。末端組員に、現実を理解させることが重要であった。当時の弁護人は、同會のトップが雇った弁護人であり、トップのための弁護活動に終始していた。そのことを、末端組員も理解し始め、親分のためと思ってやった結果、「上は自分達のことは全く考えてくれていない。

自分は捨て石だ」と思うようになり、一人二人と落ちて（自供して）いった。鉄の結束の崩壊である。

（9）組織の崩壊と組員の離脱促進～事務所使用制限命令の発出

事件検挙を契機に、福岡県公安委員会が工藤会館、工藤會本家等に対し、暴力団対策法に基づき、事務所使用制限命令を発出した。その内容は、

① 多数の工藤會組員の集合の用に供すること
② 暴力行為のための謀議、指揮命令又は連絡の用に供すること
③ 凶器その他の物件の製造又は保管の用に供すること
④ 工藤會の活動の用に供すること

を禁ずる内容である。この命令が発出できたのは、頂上作戦の第一弾、元漁業組合長射殺事件と第二弾の女性看護師に対する組織的殺人未遂事件が検挙できたことにより、命令の内容のおそれが立証できたことにある。

この命令によって工藤會は、活動の拠点を失い、組織の意思統一が更に綻び、組員の離脱が加速するなど、工藤會の弱体化につながったものと考える。

（10）敵の士気を低下させろ～賞揚等禁止命令の発出

組員は、組織のじぎり事件（組織のため、組織の命を受けた事件）を成功させれば、その見返りとして、報奨金、役職の昇格などの論功行賞を受けるのが常である。また、

警察に逮捕され、刑務所に収容されれば、家族の生活費の面倒を見て貰う、あるいは、出所後、毎月、役職に応じて上納する会費の免除などの恩恵を受ける。

ならば、今後じぎり事件に行くメリットを奪えと、過去のじぎり事件について、今後、事件の見返りに財産上の利益の供与や地位の昇格等を出来なくする暴力団対策法に基づく賞揚等禁止命令を発出することとした。

この命令も、簡単に発出できるものではなく、工藤會の暴力性や過去の財産上の利益供与事実を明らかにし、そのおそれを立証しなければならない。

そこで、一連の頂上作戦で押収した証拠品などから、過去のじぎり事件の賞揚事実を明らかにし、同命令を工藤會に対して初めて発出することができた。

この命令によって、末端の組員は、今後も県警があらゆる事件で賞揚等禁止命令を発出するものと確信し、今日では、じぎり事件に行ってもメリットがないものと思っているのか、頂上作戦以降、工藤會によるものと見られる民間人に対する組織的な殺人や発砲事件は皆無となった。

(11) 通謀・口封じを阻止〜書籍等の差し入れ禁止措置

通常、暴力団による組織的共犯事件においては、起訴後も接見禁止命令が出されることが多い。しかし、接見禁止命令と言えども、原則として、共犯者間であっても書籍を差し入れることに特段の制限がない。なぜなら、通常、書

籍自体では証拠隠滅、通謀のおそれがないと考えられているからである。

ところが、そこに目を付けた工藤會は、メッセージを書き込みした書籍や共犯者であれば一目で分かるメッセージ性の高い表題・内容の本を、既に自供に転じた共犯者の収容されている刑事収容施設等に差し入れを行い、共犯者と通謀したり、口封じとも取れる事案が続発していた。

しかし、日々膨大に発受信される信書や書籍等の検査を緻密に行い、通謀や口封じを防止することは、限られた検査官では、不可能である。

したがって、検察官と連携の上、頂上作戦の共犯事件被告人に対し、第一回公判期日までの間、弁護人以外から新聞、雑誌、書籍の授受を禁止する内容で接見禁止を請求し、裁判官から同命令が認められ、通謀、証拠隠滅の防止措置を図ることに成功した。

この件については、極めて稀な措置であったことと、工藤會の顕著な悪質性が現れているものとして、後に新聞・テレビでも大きく取り上げられることとなった。

おわりに

縷々述べさせていただいたが、捜査指揮には、文中でも述べたとおり、基本となるセオリーはあるが、やり方は、ひとつではない。

また、この指揮官がこのやり方で成功したからといって、別の指揮官がそのまま真似ても上手くいくとは限らない。なぜなら、指揮官自身の能力・人柄も違えば、時代背景や事件の内容、被疑者や組織も異なるからである。

　したがって、軍配を与えられた指揮官は、もちろん、成功事例、失敗事例も参考にしつつ、その都度、どうすれば、被疑者に行き着き、どうすれば、その被疑者を逮捕出来るだけの相当な理由があると裁判官に認めてもらうかを、試行錯誤しながら自分で考え、チャレンジしなければならない。

　そうすれば、必ず、良い結果が生まれる筈である。捜査指揮官としてのご健闘をお祈りする。

3 攻めて守る～「百戦百勝」を目指して

捜査第一課管理官　橋本浩輔

はじめに

　「攻めて守る」、この言葉は、博多警察署刑事課の大部屋中央に掲げられている看板の文字です。これは、私が博多警察署刑事管理官時代に掲げた、刑事各課及び組織犯罪対策各課の統一指針でしたが、一瀬裕文博多警察署長（当時）のモットーでもありました。「常に先読みした攻めの捜査を展開し、管内の安全安心を守り抜く」という意味が込められており、「攻撃は最大の防御なり」を平易に表現した言葉でした。

　その他、一瀬署長は「選択と集中」「不易流行」という考えを前提として、警察署運営に当たられていました。文字どおり、「今なすべき（力を入れるべき）は何か」「良き伝統は守りつつ、あらゆる変化に対応すべし」という例えに良く使われていましたが、県下最大規模の博多警察署において、これら署長の陣頭指揮が署員の共感を呼び、当時一瀬丸は大海原を正々堂々と航行していたように思います。

　さて今回、私が尊敬してやまない一瀬生活安全部長が著書を出版されると聞き、「是非購読させていただきたい」と思いきや、「寄稿してくれないか」との身に余る依頼を受けました。荷の重さを感じ、やや尻込みしましたが、一瀬部長から「刑事としての生き様が後進に伝わる寄稿を頼む」という言葉を頂戴し、二つ返事で承諾させていただきました。

文筆稚拙のため、読者の皆さんに満足していただける寄稿となるか甚だ疑問ではありますが、これまで私が刑事一本で生きてきた「熱」は伝えたいと思っています。「熱」は絵空事で表現することなどできません。したがって、全て経験則に基づく話となりますが、未だ公判中の事件等も含まれており、表現が抽象的となるかもしれません。そこはどうかご理解の上、ご容赦いただきたいと思います。

1 職業は警察官、刑事は生き様

　隣近所で私は怪しい奴だと思われています。私は、愛犬チワワの散歩を日課にしていますが、夏はTシャツ、短パンに草履、冬は厚手のジャージにスニーカー。何の変哲もない、至って普通のおっさんです。しかし、人に言わせれば、いかつい歩き方、鋭い目つき等々から怪しい奴だと思われているようです。散歩の途中、近所の奥さんが集まって井戸端会議をしています。私に気付くと、会話がピタッと途切れ、通り過ぎるとクスクスッという失笑が漏れ聞こえます。おそらく「ブルドッグがチワワを散歩させている」という話題で持ちきりなのだと思います。実に心外です。

　帰宅すると、妻が私の顔を見て吹き出すことがしばしばあります。近所の奥さんから「こんなこと聞いたら失礼だけど、橋本さんちのご主人ってお仕事は何？」と聞かれ、「警察官です」と答えると、その奥さんが安堵のため息をつい

第5章
特別寄稿3題

て「あ～よかった。あぶない関係の人かと思ってた」と言うそうです。こんなことが度々あるのです。失礼極まりない話ですが、周囲の勝手な妄想に包まれながら、居心地の良いライフワークを送らせてもらっています。

　私の職業は警察官です。格好良く言えば、「いつも心に制服を」という気持ちを忘れず、慎ましい私生活を送っているつもりです。それでは私にとっての「刑事」とは何か、それは私自身の生き様だと思っています。実に分かりにくい表現だと思いますが、「刑事は生き様」というのが私の導き出した答です。

　学生の本分は学問です。したがって、学生の仕事は日々の「授業」ということになりますが、野球やサッカー等の部活動を本分として学生を務めている者もいるはずです。妙な例えですが、言い換えれば、私にとっての刑事とは、部活動を本分とする学生のそれと似たようなものなのです。野球やサッカーをするために学校に通っている学生、それが私です。つまり重要凶悪事件の犯人を捕まえるために警察官をしている刑事が私であり、そういう身勝手な理屈で「職業は警察官、刑事は生き様」と憚らせてもらっているのです。

　18歳で警察官を拝命し、23歳で刑事の世界に飛び込み、以来、刑事警察一本で生きてきました。警察署の暴力犯係、強行犯係の刑事を経て、警察本部捜査第一課の門を叩き、

都合4回（特捜係主任、特捜係長、特捜班長、管理官）にわたって同課で勤務させていただいていますが、この刑事の世界は媚薬であり、一度飛び込んだら良い意味で抜け出すことができなくなります。被害者とその家族から寄せられる「ありがとうございました」の一言は格別です。難事件になればなるほど解決への道程は混迷を極めますが、犯人を検挙した時の喜びもひとしおとなるのです。

　刑事を職業と考えながら仕事をしていると、割に合わないことばかりが先に立ってしまいます。難事件になればなるほど、夜遅くまで仕事に追われ休日もない、そんな家庭を顧みないような捜査に没頭しなければならないことが度々あります。しかし、所詮は地方公務員、それに見合った対価を給料としていただくことはありません。したがって、普通ならば士気の下がる仕事ですが、私はそこに不平不満を抱いたことは一度もありません。

　格好付けて言うなら「俺は銭金のために刑事をしているのではない」という矜持があるからです。被害者とその家族は、犯罪被害に遭遇した瞬間から、一時も気の休まることがない時間を過ごしていると思います。正に、溺れて「藁にもすがる思い」であるはずです。そんな人達には一分一秒でも早く救いの手を差し伸べてやらなければなりません。それができるのは我々刑事だけなのです。

　話が重複しますが、そういう身勝手な理屈で、私は「俺

第5章
特別寄稿3題

の職業は警察官であるが、被害者とその家族を救うため、自分の家庭を顧みず、生き様として刑事をしている」と公言しているのです。

2 父から受けた薫陶

　私の父（故人）は長崎県諫早市で生まれ、7人兄弟だったそうですが、他の6人は若くして没し、たった1人だけ生き残りました。父親も既に没し、母子2人だけが生き残り、生活困窮のため、母親を諫早市に残したまま中学卒業と同時に、集団就職で久留米市のクリーニング店へ丁稚奉公に入りました。私の母とは19歳で結婚し、21歳で小郡市にある母の実家でクリーニング店を開業し、私はそこで4人兄弟の2番目に長男として誕生しました。父とは21歳（父と姉は19歳）しか年齢が離れておらず、年の離れた兄弟と見られることもしばしばありました。

　父は不幸な生い立ちの影響もあったのでしょうが、子の私から見ても無類の根性者でした。何より短気者で曲がったことが大嫌いという、とても付き合い辛い男でした。両親が遅くまで仕事をしているため、いつまで経っても晩飯にありつけず、弟を連れて近所の柿の木等から果実を拝借し、腹を満たす毎日でした。

　私が小学生の頃、テレビで「水もれ甲介（こうすけ）」という水道屋の倅を主人公にしたドラマが放映されていました。このド

ラマのおかげで、上級生から馬鹿にされるため、頭にきて殴りかかっていましたが、力の差は歴然、いつもボロ雑巾のようにズタズタにされていました。

　そんな姿で泣きながら家に帰ると、父は慰めるどころか、私をボコボコにして、野球のバットを手渡し、「負けたまま帰って来るな。今から仕返しして来い。仕返しできなかったら家には入れない」等と言うのです。私は仕方なく、バット片手に上級生の家へ行き、呼び鈴を押して、「××く〜ん、遊びましょう」と甘言を用いて呼び出し、「またやられに来たんか」と怒鳴りながら出て来た上級生の頭を（怪我をしない程度に）バットで一撃し、一目散に逃げ帰り、父に報告していました。

　父はその報告で上機嫌となり、私を近所の寿司屋へ連れて行き、店主に「ご褒美だからわさびをたっぷり利かせてくれ」と言って、助六寿司が好きな小学生の私に握り寿司を食べさせるのです。そして必ず「男は負けたらいかん。勝つまでやれ。根性のない奴は男じゃない」等と気合いを入れ始め、私はその話を（わさびで）泣きながら聞いていました。

　一見、破天荒に見える父でしたが、正義感が強く、曲がったことや間違ったことに対しては周囲との軋轢等を恐れず、「誤りは正すべき」という主張を貫いていました。そういう姿には感銘を受け、尊敬もしていました。

第5章
特別寄稿3題

　そんな父がいつも口にしていたことは、「長男は警察官、次男は自衛官、三男は消防士にする」という構想でした。その真意は「世の中のためになる仕事に就いてもらいたい」という父の思いからくるものでした。残念ながら三男は別の仕事に就きましたが、私と次男は父の希望どおりの職に就きました。

　私の父は72歳で他界（病死）しましたが、晩年は凄まじい闘病生活でした。しかし、最期まで「お客様が待っている」と言って、クリーニングの仕事を止めず、アイロンをかけ終わった直後に吐血して亡くなりました。我が父親ながら「天晴れ」と思い、感涙しました。

　私は、自分で言うのもおかしな話ですが、相当の根性者だと自負しています。負けることが大嫌いです。負けず嫌い故に、難事件と対峙しても心が折れることがありません。むしろ相手が強大であればあるほどメラメラと闘争心が湧いてくるタイプの人間です。おかげで刑事として、また捜査指揮官として、幾多の難事件と対峙してきましたが、ただの一度も音を上げた（弱音を吐いた）ことがありません。常に「絶対に俺は負けんぞ」と自分自身に言い聞かせながら難事件と対峙し、その多くを解決に導いてきました。

　何が言いたいかというと、私がこういう性根を持っているのは全て幼き頃から受けていた父の教育・薫陶（ずっと見てきた父の背中）にあると思うのです。福岡県警の捜査

幹部としての「今の私」があるのは、正義感が強く根性者の父のおかげだと確信し、いつも感謝の念を込めて手を合わせています(合掌)。

3 刑事の前提条件〜「折れない心」に尽きる

　私が新任刑事時代に先輩・上司から言われて嫌だった言葉は「俺達の時代はこうだった」的な精神論でした。お茶の入れ方から挨拶の仕方から様々な躾・教育の過程で言われていた言葉でしたが、常に「昔と今では時代が違うのでは?」という疑問を抱いていました。正直な話をすると、いつも「頭が固いな、このおっさんは」と思っていました。

　ところが不思議なことに、自分が相応の経験を積んでくると、腰の重たい若手刑事に対し、ついつい「お前ね、俺が若い頃だったら先輩刑事からやかましく怒られていたぞ」等と言い放つ自分がいました。正に「歴史は繰り返す」の良い例だと思います。しかし、警部補、警部、警視と昇任するにつれ、多くの部下を抱えることになり、私の考えも次第に変わり始めました。「部下を使う」ということの意味や大変さが徐々に分かってきたからだと思いますが、それだけではありません。私が刑事になった30年前と比べると、明らかに現在の方が厳しい時代となっているからです。

　犯罪は年々、悪質・巧妙・スピード・広域化する一方ですが、それに伴い、新たな捜査手法も導入され、やるべき捜査は

第5章
特別寄稿3題

ねずみ算式に増えています。また、古き良き時代の周囲を思いやる近所付き合いも希薄となり、現在は現場周辺の聞込み捜査をしても「隣人の顔さえ分からない」という時代となりました。私が新任刑事の頃は「現場100回」と言われ、執念で臨めば何らかの証拠が出てくる時代でした。

ところが今は、希薄な近所付き合いから、なかなか現場から人証を得ることは困難になってきました。その代わりに、昨今の犯罪情勢から、防犯カメラが急速に普及し、動かぬ物証を得る捜査が主流となりました。だからと言って、聞込み捜査を疎かにする訳にはいきませんので、昔に比べれば現場捜査の労力が数倍に膨れ上がっています。

そんな時代に「俺達の時代は…」等と言って、古い精神論を語っても説得力に欠けるのです。要するに、昔の刑事よりも現在の刑事の方が多くの汗を掻かなくてはならなくなっているということです。新たな捜査手法についていけず、固い頭で物事を考える人間が、古き良き時代に浸ったまま、口をついて出る言葉が「俺達の時代は…」なのだと思います。

したがって、私は警察署の刑事課長時代から、この言葉を封印して「今に対処し、今に対処させる」という考えに方向変換し、部下指導に当たっています。但し、厳しい指導は継続しています。如何に時代が変わろうとも、後進に厳しさを教えることは、先輩・上司として普遍の役割だと

思っています。今の若者は頭も良く、環境順応性も高いと感じています。良く言えば「動じない」、悪く言えば「馴れ馴れしい」と見る向きもあります。こういう特性を持つ反面、我々のように打たれて育った人間に比べると、「心が弱い」、つまり「心が折れ易い」のは確かです。そのため、厳しい指導にも配慮が必要で、如何にして少々のことでは「折れない心」を持つ刑事に指導育成していくか、これが現在の捜査幹部に課せられた大命題となっています。

捜査第一課の特捜班というのは、犯人が分からない殺人事件等の重要凶悪事件を担当します。事件の発生と共に、管轄警察署には捜査本部が設置され、警察署から大量の捜査員をいただき、まず「地取り捜査」という現場を中心とした初動捜査から始めます。これが奏功すれば事件はスピード解決となりますが、つまずけば闇雲に向かって突き進んでしまう場合もあります。しかし、捜査が長期化しようが、我々には被害関係者の無念を晴らすという、逃れることのできない重責があります。したがって、途中で逃げ出したり、投げ出してしまうことなどできないのです。

私は捜査第一課特捜班の仕事を称して「絶対に負けられない戦い」と呼んでいます。特捜班長時代、毎日のように「絶対に負けられんぞ」と連呼し、捜査員の闘魂を鼓舞していました。しかし、その実、得体の知れないプレッシャーに最も苛まれる立場にいるのは現場指揮官の特捜班長でし

第5章
特別寄稿3題

た。非常に内向きな話になりますが、特捜班が投入された事件でしくじれば、周囲から「××班長が失敗した」と吹聴されます。

　つまり、「××班長は犯人を捕まえることができなかった」と言われる訳で、これは定年退職を迎えたとしても、一生剥ぎ取ることのできないレッテル・呪縛となってしまいます。こういう逆風を跳ね返して結果を残せる人間が特捜班長に登用される訳ですが、いくら指揮官だけが頑張っても従う捜査員達がヘタレ（根性なし）では目的を達成することなどできません。したがって、指揮官たる者、「勇将の下に弱卒なし」の軍団を作り上げなければ勝ち目はない訳です。

　事件が長期化すると、特捜部屋の空気が徐々に澱み始め、必ず「もう駄目かも…」的な沈滞ムードが蔓延してきます。これは捜査員の中に1人以上の「心が折れている者」が存在するからにほかなりません。捜査第一課特捜班の捜査員は、警察署の刑事課からヘッドハンティングされた敏腕刑事が登用される慣例になっています。但し、「敏腕イコール折れない心」とは言えない面もあり、仕事は捌けてもハートの弱い人間が少なからず存在する訳です。したがって、我々捜査幹部の使命として、「折れない心」を持つ強い刑事の育成が最重要課題に位置付けられています。「鉄は熱いうちに打て」ではありませんが、冷めて固まった鉄（精

神形成が固まった人間）を矯正していくことは至難の業です。

　私の場合は、常に「今は嫌われても良いので、5年後、10年後に本人がエースと呼ばれる存在に成長したとき、師に感謝の念を抱いてくれれば、それで良い」という思いで厳しい指導に当たり、部下を鋼の如く鍛えています。現に私自身がそういう指導を受けてきましたし、その鬼刑事達のおかげで今の自分があると確信しているからです。

　優しかった上司の思い出もありますが、振り返ってみると、今でも酒を酌み交わす先輩達は全て口やかましかった鬼刑事ばかりです。これからも福岡県警のため、また被害関係者のためにも、指導方針を変えるつもりはありません。部下を鋼の如く鍛え上げ、どんな難事件と対峙してもイモを引かない（腰を引かない）ド根性刑事を育成していきたいと思っています。

　「折れない心」は刑事の世界で生き抜いていく大前提です。若手諸君に言いたいことは1つだけです。「今、先輩・上司から鍛えてもらわなければいつ自分を鍛えられる。今しかないんだよ」。こういう先人の思いを胸に刻みながら、将来の福岡県警を支えていく若手刑事には日々奮闘してもらいたいものです。

4 仕事で成果を挙げるためのチーム作り

**第5章
特別寄稿3題**

　捜査第一課特捜班が行う仕事の成果というのは、重要凶悪事件の犯人を逮捕し、有罪（実刑）判決を勝ち取り、被害者とその家族の無念を晴らすことによって完遂し、それ以上でもそれ以下でもありません。むしろ、それが当たり前で、できなかったら「0点」の仕事とみなされます。何故なら法定刑に極刑が定められた事件ばかりを担当するため、絶対に失敗は許されない厳しい世界だからです。だからこそ私は、自分の仕事を「絶対に負けられない戦い」と呼んでいるのです。

　負けないためにはどうするか、それは最強のチームを作り上げるしかない訳です。昔から「狼が率いる羊の群れ」と「羊が率いる狼の群れ」は前者が強いと言われていますが、これは優れた指導者を求める際の比喩に使われる言葉です。要するに、組織の統制を訴える言葉なのでしょうが、それならば「勇敢で優れた狼が率いる狼の群れ」の方が絶対的に良い訳です。

　捜査第一課特捜班は、正に最強のチームでなければ結果を残すことができません。そのためには特捜班の組閣が重要になってきます。所属する課によって特捜班の陣容は異なりますが、捜査第一課の場合は、指揮官の特捜班長を筆頭に、係長以下が取調官や裏付捜査官の役割を果たします。通常、特捜班長以下6～7人編成でチームが組まれていますが、博多警察署を例にすれば、刑事第一課の課長以下

40余人が総がかりでかかっても挙げることができない犯人不明の殺人事件等に投入されます。つまり、警察署40余人以上の捜査力を持ったチームでなければならず、1人で10人力の捜査能力が求められる訳です。したがって、特捜班登用に当たっては「一騎当千の兵」でなければ選ばれることはありません。これを見定めて「負けないチーム」を作る仕事が特捜班長の役割となります。

僅か数名単位の特捜班といっても、個々の捜査員によって求められる役回りが異なります。犯人を取り調べる取調官、人証・物証を収集し、それを精査・分析する裏付捜査官、令状請求や証拠関係の管理をする総括庶務捜査官等、個人の持ち場によって仕事の内容が異なり、個人の特性や得意な能力によって適材適所に配置していますが、このチーム編成が特捜班長の最も重要な仕事になります。

やはり取調官には「エースで4番」を登用することが常識ですが、共犯事件は別として、戦う相手を犯人1人と考えれば、エースで4番は1人で良い訳です。しかし、それが分かっていながら捜査指揮官は自分のチームに「エースで4番」を数多く集めたがるきらいがあります。気が付けば「長島、王、落合、清原、松井、中田」、あるいは「金田、稲尾、東尾、江川、松坂、大谷」というオールスターズになっているチームもあります。

新旧織り交ぜて名前を挙げましたが、いずれも不動の4

第5章
特別寄稿3題

番バッターや先発完投型の開幕投手ばかりで、面子だけを見れば、このチームは強く感じられます。しかし、この陣容ではまず勝負に勝つことはできないと思います。4番バッターを下位打線に配置したり、犠打を命じたりすれば、文句は言わずとも必ず不満分子化してチームの雰囲気が悪くなりますし、エースに中継ぎや敗戦処理的な扱いをすれば、また同じ結果を招くことは必至です。

ゴルフに例えても同じ現象が起こります。質の良い高価なドライバーばかり集めても、刻んだり寄せたりする時には精巧なアイアンやパターが必要です。いくら何本も質の良いドライバーを持っていたとしても、これで刻んだり寄せたりすることはできない訳です。

特捜班の組閣に例えて話をしましたが、これは全ての労働に通じることであって、いかなる業種であろうとも、上に立つ者は部下の能力に合致する適材適所をもって組閣を進めるべきだと思います。

私は、取調官が絶対的な「エースで4番」として存在するならば、犠牲心があってサブに徹することができる者、言い換えれば「走塁がうまい者」「守備力に長けた者」「球の速い者」「バントがうまい者」等の業師を多く集めて、隙のない組閣を行います。人事異動等で欠員が生じれば、その者と全く同じ能力を持つ刑事を登用し、バランスの取れたチーム作りを目指します。2番バッターが欠けたからと

いって代わりに4番バッターを取っても、その者に犠打を命じることができなければ本末転倒だということです。

　さらに付言するならば、4番バッターは2枚要らないとしても、次代の4番、つまりクリーンナップを打てる強打者はもう1枚置いておくべきだと思います。その者に取調べを学ばせつつ、裏方の仕事もきっちりやらせておけば、将来は人の心（裏方の支え）が分かる立派な4番バッターに成長してくれるはずです。

5 仕事の優先順位～常に先を読み「先手必勝」で臨む

　私は昔から仕事を進める上で信条としていることがあります。簡単なことです。それは命じられたら「直ちに動く」ということです。「よっこらしょ」や「ぼちぼちやるか」は性に合わず、言われたら速攻で行動に移さなければ気が済まない性格をしています。これも気が短かった父の影響によるものかもしれませんが、とにかく先手で動かねば気が済みません。私は高校時代に野球部のキャプテンをしていましたが、プレイボール前に先攻・後攻を決めるキャプテン同士の「じゃんけん」があります。その際には必ず相手に対して、じゃんけん前に「どっちがいいですか？」と尋ねていました。大抵の場合、相手は後攻を希望しますので「じゃあうちが先攻で行きます」と言って、じゃんけんを避けていました。要するに、相手より先にボコボコと打ちま

第5章
特別寄稿3題

くり、大量点を取って打ち負かしたかっただけのことですが、その頃から「先に動くこと」が好きだった訳です。

ただ、誤解してほしくないのは、私の場合の「直ちに動く」は「先走り」とは似て非なりということです。「先走り」は何の考えもなくひた走ることを意味しますが、私は常に捜査対象となる証拠価値に優先順位を付け、的に向かって突進しています。

捜査上の証拠価値に優先順位を付けるならば、

① 「物証」、
② 「無色透明（犯人・被害者双方と利害関係がない者）の参考人供述」、
③ 「被害者寄り、若しくは犯人寄りの参考人供述」、
④ 「そして最後が犯人の自白」

という順番に捜査力を注がなければなりません。被害者寄りの参考人がいくら警察が喜ぶ話をしてもそこに力を傾注することが「先走り」であり、やはり直ちに動く対象は①の「物証」でなければならないのです。要するに、「人に聞くより物に聞け」ということです。但し、犯人の庇い手である犯人寄りの参考人が犯人にとって不利益な事実（容疑性等）を語り出せば、そこに捜査力をシフトすべきですし、証拠価値が最も低いと言われる④の「犯人の自白」に秘密の暴露（捜査機関が認知しておらず、犯人しか知り得ない秘密）がふんだんにあれば、やはりその裏付捜査が最優先

捜査事項に躍り出る訳です。

　要するに、「機を見て敏なり」ではありませんが、直ちに動くならその時々における最優先事項に的を絞って動かなければならないということです。この考え方は一瀬部長が良く口にされる「選択と集中」と相通ずることだと思います。

　私は捜査第一課特捜班長時代、携わった全事件を解決に導きました。その都度、人から「橋本班長は運が良い」と言われていましたが、不愉快な思いで一杯でした。私が事件を挙げることができたのは「運が良かったから」ではなく、常に先読みの捜査を展開し、チャンスが訪れた時に速攻で勝負ができる「準備」を整えていた（怠っていなかった）からだという自負があったからです。

　「準備」について、ここで具体的な中身を示す訳にはいきませんが、野球に例えて言うならば、代打一本で生きる打者というのはいつその機会が巡って来るのか分からない訳です。試合の展開によっては出番なしで終わることもあるでしょう。しかし、相手投手の調子や配球の傾向をデータで把握し、それをイメージした素振り等のウォーミングアップを怠っていては、僅か１打席というチャンスの機会において、タイムリーヒットという「運」を掴むことなど到底できません。これが私の言う「準備」です。

　捜査も同じで、やるべき（必ず遂げておかなければならない）捜査を先読みして迅速・確実にこなし、チャンスが

第5章
特別寄稿3題

訪れた時に速攻で勝負ができる「準備」、これを怠っていたのでは事件を挙げることなどできません。ベンチでテレ〜っとしている代打屋が、いきなり味方打線のヒットが続き始めてから慌てて準備を始めても遅いということです。こんなことは捜査指揮官に求められる最低限の要諦だと思っています。

常に先を読みながら「先手必勝」で物事に対処していく動きを捜査指揮官になってから覚えようとしても「時既に遅し」です。私は巡査刑事時代から「ライバルに負けたくない。犯人に負けたくない」という勝気な思いから、常に人より先に動いていました。囲碁や将棋のように「こう動けば相手はこう出る、それでは次はこの手を打つ、すると相手はこう出るだろう、そしたら最後はこの手でいく…」等と考え、5手先、6手先の対応を予測しながら対処してきたということです。

そのおかげだと思いますが、捜査第一課特捜班で巡査部長、警部補時代に取調官を務めていた当時、重要凶悪事件の犯人達から面白いように自白を獲得することができました。取調べは、取調官と犯人の胆力勝負ですが、言葉の勝負でもあります。いくら言い訳を並べ立てても、用意していた珠玉の言葉で次から次に理詰めしていけば、必ず犯人は窮してしまいます。真相を語るしか逃げ道がなくなる訳です。この先読みを疎かにして取調べに臨めば、犯人は「こ

の刑事は何も知らんな」と思い、決して真相を語ることはないと思います。

　私は取調官時代、犯人の生い立ちに重きを置いて「準備」を進めていました。生家は自分の目で見る、地理的な情景も瞼に焼き付ける、ガキの頃から行きつけの散髪屋はどこか（経営者は今どうしているか）、交際相手は誰だったのか、くどき文句は、初デートの場所は、学校内での立ち位置は（いじめっ子、いじめられっ子、人気者、鼻つまみ者）等々を通謀されない程度に調べ上げ、仕込みとしてため込んでいました。

　これを取調べの際にチラつかせることは非常に有効な取調べ手法であり、一見、犯罪事実とは何ら関係のないように見えて、その実、犯人に与える打撃は相当なものとなるのです。私の生家はボロ家です。それを取調べの最中に持ち出されて「お前も苦労したんやね」等と言われれば動揺しますし、「お前に俺の何が分かる」と思い、怒りも覚えます。取調べというのは「押しても駄目なら引いてみな」の繰り返しであり、人間の怒りや喜び、悲しみをぶつけ合う生身の勝負です。だからこそ、こういう「準備」なくしては勝ち目などない訳です。

　「先手必勝」という言葉の対義語として「後手に回る」という言葉がありますが、その言葉どおり、常に先を読んで「直ちに動く」ことが大切で、その「準備」を怠っていては仕

事の成果など挙げることはできません。若手の諸君には是非とも良い意味で「せっかち」になってほしいと思いますし、今からその術を身につけていなければ将来困るのは自分自身だということを肝に銘じてもらいたいものです。福岡県警の「ミスターせっかち」と呼ばれる私が言うのですから間違いありません。やっぱり野球は先攻逃げ切りですよ。頑張って下さい。

6 裏付捜査の定義こそが特捜刑事の生命線

　前述したことと重複しますが、捜査第一課特捜班は、法定刑に極刑が定められた犯罪を捜査するため、「これでもか、これでもか」というくらい究極の捜査を遂げなければなりませんし、それができなければ人を法で裁くことなどできないと思っています。そのためには法令の研鑽に励み、常に法的知識を上積みとして更新していくことが求められます。法律も知らない者に裁かれていては犯人もたまったものではありません。日々勉強ということです。

　裏付捜査という言葉を良く耳にされると思いますが、実はこの言葉の定義を正確に説明できない若手刑事が存在します。単に「犯人が自白した内容等の裏付けを取ってくることです」等と答える者が数多くいます。確かに間違いではありません。しかし、この答が定義ではないのです。裏付捜査というのは「先入観や固定観念を徹底的に排除し、

物事の真相を裏側から客観的に見てくる捜査」という説明が正解です。若手刑事が言うことも誤った解釈ではないのですが、真理を説明できないようでは一人前とは言えません。

　私は捜査指揮を行う過程で、この裏付捜査の定義を徹底的に指導しています。捜査員の中には先輩・後輩が存在し、そこには個人に対する尊敬の念も内在しています。だからこそ、正しい定義を指導しなければ捜査指揮に狂いが生じてしまうのです。尊敬する先輩刑事が取調官であった場合、裏付捜査に従事する捜査員は「尊敬する先輩が得た自白だから間違いない」という固定観念や先入観が芽生えてしまいます。そんな気持ちで裏付捜査に当たったら「自白どおりの答を欲する捜査」への懸念が生じてしまいます。

　私はくどい男であり、例え信頼している部下であっても裏付捜査に従事させる捜査員には必ず「裏付捜査の定義を言ってみろ」という質問をぶつけ、その理解度を確認するようにしています。先のような答をした者に対しては「違う、一兵卒からやり直せ」と叱責し、「例え取調官が得た自白と異なってもいい。真相だけを裏側から見てきて報告しろ」と厳命していました。

　現に私は若手の頃から階級が上位の取調官に対しても臆することなく、「係長、騙されてますよ。真相はこうでしたよ」と平気で進言していました。当然、それを言うことに

よって軋轢は生じました。しかし、「そんな内向きの軋轢を恐れていて捜査第一課の捜査員が務まるか」という信念がありましたので、絶対に負けられない戦いに臨んでいる以上、小事を捨て大事を取ると考え、生意気と思われようが言うべきことは必ず口にしていました。私は、これが言える刑事こそ信用に値し、大事に育てなければならないダイヤの原石だと思っています。

7 捜査指揮官のあるべき姿

　現在私は捜査第一課管理官として捜査指揮に当たっています。それなりの経験値もあり、発生する事件を怖いと思ったことなど一度もありません。むしろ「何でも来い。いつでも来い。俺が速攻で捜査指揮して絶対に捕まえてやる」という気概が漲っているほどです。アントニオ猪木の名言、「いつ、何時、誰の挑戦でも受ける」ではありませんが、心情的には正にその言葉どおりの心境です。「えらい強気やな、この人は」と思われるかも知れませんが、どういう育ち方をしたのか、実際に「何でも来んかい」と常に思っていますので、自分を過小評価したくない訳です。

　私が若い頃から見てきた捜査幹部の中には、少数派ではありますが、私の気概と真逆の方も存在しました。部下として尽くしはしましたが、内心は「何じゃ、このイモ引きは」と思い、反面教師として自分の糧にしました。「え〜っ」と

いう捜査方針を示しておいて、さらに上級の幹部から注文が入ると、いきなり方向変換する。こんな捜査幹部では駄目だと思います。「一体、何処を向いて仕事をしているのだろう」と思ってしまいます。

　私は、捜査指揮官の要諦は「確固たる信念と自信」だと思っています。自分の経験値を信じ、信頼する部下に託した仕事を信じる「確固たる信念」がなければ、従う部下は方向性を見失ってしまいますし、自分が培ってきた実務能力に対する「確固たる自信」がなければ、部下は何処に指針を見出せば良いのか分からなくなってしまいます。要するに、捜査指揮官たる者、ブレないことが最も重要だということです。

　捜査員が捜査指揮官に求めている最たるものは、温もりや優しさではなく、「高い実務能力」だと思います。優しくて温厚であるに越したことはない訳ですが、それだけで「事件も挙げれない」、「カリスマ性もない」、「仕事もできない」ではどうしようもない訳です。

　少々口やかましくても、部下が方向性を模索している時に、「これでいけ」とビシッと言える捜査指揮官が最高です。しかも、その指示を受けた部下が「なるほど、その手があるか」と開眼してしまうような珠玉の判断・道筋、これを短時間で示せる男こそが理想とされる捜査指揮官だと思います。

**第5章
特別寄稿3題**

　刑事の世界では、取調官に犯人の取調べを託したら相手が否認を通したとしても「最後まで取調官に任せる」という風潮があります。捜査指揮官が「この取調官とならば心中しても良い」と考えた有能な捜査員を取調官に選ぶという前提があるからだと思いますが、私の場合は若干考えが異なります。

　犯人の自白がなければ勝負が決してしまう事件（嫌疑不十分）というのは少なからず存在します。そんな時はやはり討って出なければならないと思います。冤罪や自白の強要が絶対に駄目なことは至極当然のことです。しかし、自分が信念を持って捕まえた犯人ならば、絶対に逃がしてはなりません。逃げ得を許せば、被害者とその家族に対して申し開きができません。したがって、私の場合は、手をこまねき何もしないまま敗北を待つことなどできません。と言うより待つ気などありませんし、絶対に待ちません。

　「鳴かぬなら俺が鳴かすぜホトトギス」です。「取調官のプライドや面子」と「被害者とその家族の無念」を秤にかければどちらが重いか、そんなものは被害者らの無念に決まっています。その無念を背負っているのが我々刑事です。私は取調官が自白を獲得できないと踏んだ時点で自ら取調べに臨みます。「取調官の顔を潰してしまう」という内向きの事情は被害者とその家族にとって何ら関係のないことです。「顔を潰す」という言葉を大義にした上で「座して死を

待つ」ような捜査指揮官は失格だと思います。「座して死を待つくらいなら迷わず討って出る」、つまり「取調官が自白を獲得できなければ、捜査の責任者である俺がやってみせる」という気概がなければ駄目だということです。

　こういう場合に「取調官の顔を潰す…」等と言っている捜査指揮官は、その実、イモを引いているだけなのです。おそらく「特捜班長の俺が自白を獲得できなかったら周囲に対して格好が付かない」等と考え、保身に走っているだけのことだと思います。格好が付くも付かないも、最初から敗北を考えて物事に当たっている男など捜査指揮官とは言えません。私は負けることなど考えたこともありません。敗北など最初から想定していませんし、常に「負けないためにはどうするか」と考えながら捜査指揮に当たっていました。「勝つために」ではなく「負けないために」という考えです。

　「勝つために」では失敗します。相手の対抗手段を先読みし、先手先手でそれを潰す。将来、最強弁護人が主張してくるであろう抗弁や対抗手段に負けないためには如何なる証拠が必要か、そんなことばかりを四六時中考えていました。したがって、負ける気がしないのです。これは根拠ある自信です。だからこそ、平気の平左で、否認している犯人が待つ取調室に入れる訳です。

　そもそも勝負をかける時に「負けたらどうしよう」等と

第5章
特別寄稿3題

考えては駄目です。「勝つ、勝つ、勝つ」も駄目、足元が見えなくなります。「最後に勝てばそれで良い。そのためにはどうするか」、つまり「負けないためにはどうするか」と思考を巡らせながら取り組めば絶対に活路が見出せます。今までにこういう経験を幾度も幾度も実体験し、ギリギリ勝負をものにしてきました。そして、その都度、右手の拳を天に突き上げてきました。これらの経験値は絶対に裏切りません。だからこそ、例えピンチが生じても迷わず勝負に討って出ることができるのです。これが私の言う「確固たる信念と自信」です。

ピンチはチャンス、ピンチの時にどう立ち回ることができるか、部下は捜査指揮官の一挙手一投足をつぶさに見ています。「決してブレることなく、ピンチが生じれば先頭に立って戦い抜く、成功したらみなさんのおかげ、失敗したら自分の責任」、こんな男がいれば最高です。私自身もこんな捜査指揮官像を追求していきたいと思っていますし、これが捜査指揮官のあるべき姿だと信じて疑いません。

8 絶対に負けられない戦い〜激戦の記憶

私は長い刑事人生の中で数多くの殺人事件と対峙してきました。その中にあって生涯忘れることのできない2つの事件があります。1つは特捜係長時代に取調官として最強の敵を迎え撃った「大牟田市における連続4人強盗殺人、

死体遺棄事件（以下「大牟田事件」と略す）」で、もう1つは特捜班長時代に捜査指揮官として苦汁の日々を強いられた「筑後市におけるリサイクルショップ経営者夫婦による連続殺人事件（以下「筑後事件」と略す）」でした。いずれの事件も当時全国ネットで大きく報道された猟奇的犯行でしたので、今でも「大牟田事件」、「筑後事件」というキーワードでインターネット検索していただければその概要を知ることができます。

　大牟田事件というのは、地元暴力団の組長、その妻、息子2人の親子4人が共犯関係に立ち、僅か2日間で、拳銃等を使用して罪もない4人の命を奪い、そのご遺体を市内の河川内に車ごと沈めて遺棄した事件でした。組長の妻は、高齢で体の自由が利かない組長に代わって組織を切り盛りする「女組長」と呼ばれる「極妻」でした。この女組長の知人女性とその家族が忽然と所在不明となったため、捜査が始まり、任意の段階から私が捜査第一課の取調官として女組長の取調べを担当しました。女組長は「豪傑」な女性で、私が5歳年下だったこともあり、私に対し、「若造、青二才」等と悪態をつき、最初は「肉弾相打つ」的な取調べとなりました。

　当時の福岡県警刑事部長は、「泣く子も黙る」と恐れられた強面の方で、廊下ですれ違っただけでも「怒られるのではないか」と思えるほど、痺れ上がる上司でした。その

第5章
特別寄稿3題

　刑事部長が毎日、大牟田警察署に来ては、取調官の私に「自白は得たか。早くせんか。いつまでかかりよるか」「お前は一課のイチローと聞いていたが、2割打者やな」等と叱咤激励するのです。ご本人は叱咤激励のつもりでしょうが、言われる私にとっては「叱責」としか受け取れず、プレッシャーは募るばかりでした。しかも私自身が「女組長を軸とした共犯による殺人事件」と確信していたため、あまりの事件の大きさと日々続く刑事部長の叱咤激励のおかげで、刑事人生最大のピンチでした。

　私は自分を相当の根性者と思い、「来るなら来んかい」という強気の姿勢を貫いていましたが、当時の私は40歳と若く、さすがに刑事部トップからの超過激な叱咤激励は骨身に沁みました。しかし、「いくら身内の上司とはいえ、絶対に弱みを見せたくはない」と思っていましたので、生意気にも「絶対に自白させますから少しは待っとかんですか」等と強気に言い返していました。その都度、「お前、横着やね」等と言われますので、言い返してはビビり、また言い返してはビビるの繰り返しでした。内心は「このクソおやじが。少しくらい待てんのか」等と思っていましたが、さすがの私もそれは口に出せません。本当に苦しい毎日でした。

　私は当時、腰椎椎間板ヘルニアを患い、ひどい腰痛に悩まされていました。そのこともストレスとなり、今思い出しても「本当に辛かったな」という記憶しかありません。

刑事部長は、私の「腰を庇う歩き方」を見て悟られたのか、私にコルセットをプレゼントしてくれました。「俺もレスリングをしていたので腰痛に悩まされている。これを締めて取調べを頑張れ」と言われ、（今度は本当の）叱咤激励を受けた時には「鬼瓦みたいな顔してるけど、このおやじも結構いいとこあるやんか」と思い、いたく感激しました。

　結局、この叱咤激励が効いたのか、ほどなくして私は女組長から自白を得ることに成功し、共犯者も全て逮捕に至り、最終的には親子４人とも最高裁で死刑が確定しました。女組長はそれまでに私が戦った相手としては、間違いなく「最強の敵」でした。彼女らが犯した罪は最悪で、同情の余地は微塵もありません。しかし、「罪を憎んで人を憎まず」、私は女組長に対する「刑執行」の報をいつどんな形で知ることになるのか、正直言って不安です。できれば「聞きたくない。知らされたくない」という気持ちで日々の生活を送っています。それが取調室で死闘を繰り返した刑事の本音です。

　余談ですが、この大牟田事件の取調べの最中、私は下血を繰り返し、僅か１週間程度で体重が10キログラムも減りました。正直、体調の異変に物凄く不安を抱いていたのですが、「結果を出すまでは」と思い、それを口にすることはできませんでした。最終的には、捜査が一段落した時点で、時の特捜班長に申告し、医療機関を受診した結果、

第5章
特別寄稿3題

 それまでカビの生えたパンを食べても腹を壊したことのなかった私が、「胃潰瘍、十二指腸潰瘍」と診断されました。苦しい時も辛い時も気持ちを強く持っていたのですが、「人間の体は正直なんだな」と思い、妙に感心させられた一幕でした。

 もう1つの筑後事件は、世間の記憶に新しい事件だと思います。多数の被害者を生んだ連続殺人鬼夫婦というネームバリューは全国区となり、大々的に報道されました。この事件は現在控訴審の最中であるため、詳細は控えますが、私はこの事件の捜査指揮官として地獄の1年1ヶ月を過ごしました。長期、且つ24時間体制の秘匿捜査を敢行したため、自宅にも帰れず、1年以上の穴倉生活を強いられました。

 非常に苦しい捜査でしたが、「準備」が奏功し、最終的には犯人夫婦を逮捕し、全ての犯行を白日の下に晒すことができました。最初に自白を聞いた時は、さしもの私も度肝を抜かれました。「4人の被害者をそれぞれ殺害後、順次実家の庭に埋めた。数年後に順次掘り返し、白骨化した骨を粉砕機で粉々にして近くの川に流した」等と言うのです。

 「真偽不明、自白は眉唾」という声がある中、私は迷わず実家の庭と河川の捜索を指示しました。農繁期が近い時期でしたので、水利組合から猛反発を受けましたが、河川を

堰き止める等、大量の捜査員、多額の捜査費用を注ぎ込んで約1ヶ月間実施しました。異例の大捜索でした。その結果、僅か数個ではありましたが、実家の庭と河川内から被害者の骨片を発見することができました。正に、被害者の無念の叫びが「信じられない奇跡」を生んだのです。

　実は、この事件にはとてつもない難題が幾度も生じ、その都度、私は心を悩ませました。刑事人生で最大のピンチが何度もあり、「失敗したら、被害者とその家族はもちろんのこと、世間様に顔向けができない。捜査指揮官として腹を切ってお詫びするしかない」と思い詰め、何度も「自害」を考えました。自分の「死」を覚悟したのはこの時が生まれて初めてでした。大牟田事件の時もきつかったのですが、筑後事件の場合は立ち位置が異なり、捜査指揮官として全責任を負う立場でした。正に「成功したらみなさんのおかげ、失敗したら自分の責任」という境地にありましたので、「失敗したら死をもってお詫びするしかない」としか考えることができなかったのです。

　この窮地を救ってくれたのは、私の上司に当たる当時の捜査第一課長でした。私は窮状を報告し、「失敗したら腹を切ってお詫びします」と言いました。すると捜査第一課長は「お前が切腹なら俺は打ち首獄門たい」と言われました。その一言で面白いように闘魂が復活しました。「確かに特捜班長の俺が切腹だったら捜査第一課長は打ち首だな。

第5章
特別寄稿3題

俺の失敗で親分の捜査第一課長を打ち首にする訳にはいかんな」と思い、見事に発想を転換することができました。この捜査第一課長は既に定年退職されていますが、今でも節目節目で再会し、酒を酌み交わしながら当時の思い出に浸っています。

それからの私は再びイケイケドンドンに走り、窮状を次々と打ち破り、捜査を完遂することができました。得体の知れないプレッシャーに苛まれ、迫り来る不安のため不眠症に悩まされ、孤独感や焦燥感にも襲われ、本当に苦難の1年1ヶ月でした。この事件を経験して以降、私は一時期「抜け殻」となり、「燃え尽きた症候群」に見舞われました。

捜査第一課に限らず、特捜の世界は特捜班長が現場監督です。現場の最高責任者であり、刑事警察全体の「憧れのポスト」でもあります。思いどおりの捜査を展開することができますし、「ボス感」が満載です。但し、失敗は許されません。常に「絶対に負けられない戦い」を求められますし、できなかったら評価は「0点」という厳しいポストです。私は現在特捜班長の上に立つ管理官の役職をいただいていますが、それでもやはり特捜班長の頃に比べれば、背負う荷は「ずいぶん軽くなったな」というのが正直な感想です。私は長いこと特捜班長をやらせていただきました。そのおかげで経験値も上がりましたし、「絶対に折れない超合金の心」を身につけることもできました。その原動力となった

のが、この2つの事件だった訳です。

　スポーツ選手の格言として「努力や鍛錬は裏切らない」という言葉が良く使われますが、捜査の世界も全く同じだと思います。かつての福岡県警本部長が「鍛錬千日の行、勝負一瞬の行」と言われていました。やはり、困難に背を向けることなく、果敢に難題に取り組み、産みの苦しみを味わう経験、これが何ものにも代え難い修行になるのだと思います。

　刑事をしていると、嫌なことや苦しいこと、失敗が許されない窮地等、苦難を伴う場面が多々あります。世論の要請もないのに、自ら進んでそこに向かう必要はありませんが、それが目の前で生じた時、如何に対処できるか、避けるのか、逃げ出すのか、私は絶対に立ち向かいます。そして打ち負かしてみせます。それを言い切れる自信となっているのが、上記の経験値です。今は「若手刑事の頃から難題に立ち向かい、逃げずに取り組んできて良かった。苦しかった事件も多々あるがあきらめずに頑張ってきて良かった」等と思い、感慨に浸っています。

　私が経験した事件の中で、最大の事件は上記の2事件でしたが、昨今の犯罪情勢からすると、これらの猟奇犯罪を凌駕する大事件が今後も起こり得る可能性があります。もちろん、私が定年を迎えていなかったら先頭に立ってやっつけるつもりですが、将来は今の若手刑事がこの任を負う

ことになります。若手刑事の諸君にはその時が来たら即座に戦える知識・技能を今から鍛錬しておいてもらいたいものです。

日々一生懸命捜査に取り組み、逃げることなく真っ向勝負の仕事を積み重ねていけば必ず特捜班長への道が開けます。その日を夢見て鍛錬を続けてほしいものです。鍛錬は積み重ねるからこそ力となるものです。付け焼刃の鍛錬などありません。それは若い今から始めなければならず、また今しかできないことを肝に銘じてもらいたいものです。

おわりに

思いつくままに言葉を並べ、脈絡のない文章で申し訳なく思いますが、思いの丈は吐き出したと思っています。

最後に、「思いつきとひらめきは似て非なり」について話したいと思います。私が最も嫌いな上司は「思いつき」で人を動かす捜査指揮官です。パッと思いついたらすぐに実行させ、部下を使うだけ使って検証もせず、上級の幹部に報告だけして、「これだけやらせてます」と言う人がいます。「一体、あなたは何処を見て捜査指揮をしているの？」と言ってやりたい思いです。

私は絶対に無駄な仕事に部下を使いませんし、意味のあることしか下命しません。意味のないことで部下に苦労をさせても事件解決に結び付くことはないからです。

特捜班長時代、泊まり込み生活をしている時は、夜に寝る間を惜しみ、熟慮に熟慮を重ね、「これだ」とひらめいたことは夜中であろうが床から飛び出して捜査本部の机に向かい、朝までに考えをまとめていました。

　「思いつき」には信念も確信もありません。しかし、考え抜いて熟慮を重ねた「ひらめき」は事件解決のために絶対必要なことです。そこには、理に適った説明、部下の納得・共感が必要であり、そこが「思いつき」とは似て非なるところです。

　酒を飲んでいる時も刑事、馬鹿話を談笑している時も刑事、家族サービスをしている時も刑事、寝ている時も刑事、私は24時間365日絶えず捜査のことしか考えていません。そこでひらめいた発想には「確固たる信念と自信」を持っています。

　どうやら定年退職までこの生き様は変えることができそうにありません。それが生きがいとなっているため苦にもなりません。定年退職まで2桁を切り、戦える時間は限られてきました。しかし、目指すところは常に「百戦百勝」、いささかも捜査網を緩めることなく、県民の安全安心を維持するため、攻めて守り続けたいと思っています。

第5章
特別寄稿3題

あとがき

　表紙に「献上博多帯」をあしらいました。博多帯は、締めるときにキュッキュッと絹鳴りし、締めては緩まないとその締め心地に定評があります。古くは、重い刀を腰に差す武士の帯として重用され、また、力士は幕下以上にならなければ締めることは許されないと聞いています。

　帯は、縦糸と横糸とのコラボレーション。シンガーソングライターの中島みゆきさんは、「糸」という曲で、「縦の糸はあなた　横の糸は私　織りなす・・・」と歌っています。思えば、両親は、縦糸と横糸よろしく、私たち子どもを一生懸命に育ててくれました。妻も、限りなくわがままな私という糸をしっかりと補強しながら、家庭を守り、子どもを独り立ちさせてくれました。派手さはありませんが、良い表情の絹鳴りする帯の完成だと思います。感謝の気持ちでいっぱいです。

　仕事においては、職員の皆さん方が、あるいは市民の皆さん方とともに、時に、縦糸や横糸となって、地域社会の安全・安心の確保という帯を織ってくれています。

物のインターネット（IOT）の進展や人工知能（AI）の進化などを始め、国の内外を取り巻く情勢の変化は、その速度を一段と加速させると思われますが、時代がいかに変わろうとも、これからも県民に頼られる組織、存在であり続けてほしいと思います。

　　　　　　　　　　　　平成31年3月

　　　　　　　　　　　　　　　一瀬　裕文

■著者略歴
一瀬 裕文
いちせ ひろふみ

1959年、福岡市生まれ。
佐賀大学卒業後、福岡県警察官を拝命。
宗像警察署長、組織犯罪対策課長、暴力団対策部副部長、博多警察署長、生活安全部長、刑事部長などを歴任。

警察実務の不易流行

気づきの付箋

2019年3月29日　初版第1刷発行

著　　　者	一瀬 裕文	
発　行　者	間 一根	
発　行　所	株式会社 春吉書房	
	〒810-0003	
	福岡市中央区春吉1-7-11	
	スペースキューブ6F	
	TEL：092-712-7729　FAX：092-986-1838	
装丁・組版	佐伯正繁	
印刷・製本	モリモト印刷株式会社	

価格はカバーに表示。乱丁・落丁本はお取替えいたします。
© 一瀬 裕文
ISBN978-4-908314-07-0
Printed In Japan